영재성, 사고양식, 학업성취 간의 구조적 관계분석

thinking style

giftedness

영재성,
사고양식,
학업성취 간의

thinking style

giftedness

구조적 관계분석

김진철 지음

1. 영재학생과 일반학생의 사고양식에 차이가 있는가?
2. 사고양식과 학업성취는 상관이 있는가?
3. 사고양식과 학업성취의 관계에서 영재학생과 일반학생 간에 차이가 있는가?

KSi 한국학술정보㈜

최근에 영재교육의 열풍이 불어 닥치면서 잘못된 영재교육 현상이 쉽게 목격됩니다. 예컨대, 교육기관에서는 천재, 창의성, 영재를 육성한다고 하면서 성취와 지능이라는 불완전한 심리적 특성만으로 영재학급을 운영하고 있다거나, 대다수 입시수단으로서 개인차 교육이 이루어지고 있는 실정입니다.

지금까지 지능은 영재성을 정의하는 핵심적 요소가 되어 왔으며, 지능관의 변화와 함께 영재성의 개념도 변화되어 왔습니다. 영재성의 탐색과 영재교육의 방향도 현대 지능연구의 동향에 맞게 새롭게 모색될 필요가 있습니다. 최근 지식기반사회에 접어들면서 영재성의 변인은 지·정·의를 통합적으로 접근하려는 시도가 일고 있습니다. 이런 현상은 인지심리학의 연구가 새로운 패러다임으로 변화되고 있는 것이 그 바탕이며 그 물줄기를 변화시킨 주역은 예일대학의 스턴버그 교수(Successful Intelligence)입니다. '사고양식(thinking style)'은 영재성을 설명하는 데 있어서 지능의 한계점을 보완하기 위해 최근에 제기되고 있는 개념들 중의 하나입니다.

스턴버그(Sternberg) 교수는 인간의 사고기능과 구조를 정부의 통치기능과 구조에 비유함으로써 정신자치제 이론(mental self-government theory)을 창출하였습니다. 정신자치제는 사회를 지배하는 데 많은 방법이 있듯이 일상생활을 지배하거나 관리하는 데도 많은 방식이 있다고 주장하는 이론입니다. 그리고 우리의 활동을 지배하고 관리하는 여러 방식들을 '사고양식(thinking styles)'이라고 합니다.

영재교육에 있어서 학생의 사고양식을 이해하는 것은 매우 중요합니다. 창의성을 이끌어내는 사고양식이 존재한다는 사실뿐만 아니라, 사고양식이 지능과 성격의 연계 구인이라는 점에서 영재의 다양한 개인차를 이해하는 데 유용한 심리적 구인이라고 볼 수 있기 때문입니다. 영재교육진흥법 시행령이 공포되면서 앞으로 영재교육은 더욱 활성화될 것으로 예상되기 때문에 영재수행과 관련된 사고양식의 관계구조를 밝히는 일은 중요할 수 있습니다.

본 연구결과가 나올 때까지 바쁜 와중에도 곁에서 조언을 아끼지 않으신 나동진 교수님과 사고양식 변인과 관련하여 많은 자료를 보내 주신 윤미선 교수님께 감사드립니다. 그리고 Email로 교신과정에서 미국 심리학회 회장인 스턴버그 교수의 친절한 조언은 연구의 자양분이었음을 잊을 수 없습니다.

앞으로 교육현장에서 학생을 이해하는 데 있어서 사고양식 변인의 활용되는 연구를 계속할 것입니다. 개인차 심리에 관심이 있는 학생이나 교육자들에게 조금이나마 보탬이 되기를 바랍니다.

2008년 3월
김진철

▌목 차

제 **1** 장

서 론

1. 연구의 필요성

우리나라의 영재교육은 1980년대 중반부터 과학고등학교와 외국어고등학교 등 특수목적 고등학교들이 설립되면서 본격적으로 시작되었다고 할 수 있다. 최근에는 2000년에 공포된 영재교육진흥법을 근거로 해서 일반 초·중·고등학교에서도 영재교육이 실시되고 있다. 또한 2004년도에 정부가 발표한 사교육비 경감대책에도 특수목적 고등학교와 특성화 고등학교의 활성화·수준별 이동수업 및 영재교육의 확대 방침 등을 밝힌 바 있다. 영재교육에 대한 이러한 관심의 증가와 함께 무분별한 영재교육에 대한 우려 또한 적지 않다. 또한 영재의 정의와 판별, 영재교육과정의 구성 등에서 아직도 해결되어야 할 문제가 많다는 것이 일반적인 지적이다. 특히, 특수목적 고등학교의 영재교육도 학생 선발과 교육과정 운영의 측면에서 많은 비판을 받아 왔다. 영재의 창의적 특성을 충분히 고려하지 않고 학업성적 위주로 학생을 선발한다든지 입시목적의 교육과정을 운영한다는 주장들이 그것이다. 영재교육에 대한 이와 같은 부정적 평가와 함께 새로운 기대가 교차되고 있는 상황에서 특수목적 고등학교 학생들의 영재성을 알아보고, 이를 통하여 영재교육의 방향을 모색해 보는 것은 매우 필요한 과제라고 할 수 있다.

지금까지 지능은 영재성을 정의하는 핵심적 요소가 되어 왔으며, 아울러 지능관의 변화와 함께 영재성의 개념도 변화되어 왔다.(Gallagher & Gallagher, 1994, Humphreys, 1986, Marland, 1972, Renzulli, 1986, Sternberg, 2002) 현대 지능연구의 동향은 고전적 IQ 중심의 협소한 지능관에서 벗어나 지능의 개념을 확장해서 이해하고 있다.(Renzulli, 1986, Richert, 1991, Sternberg, 1985, Sternberg & Davidson, 1986) 그들의 핵심적 주장은 지금까지 개인차에 대하여 인지 구인에 초점을 두어 왔기 때문에 수행의 개인차를 완전하게 설명하지 못했다고 비판하면서 동기, 성격 등의 개념이 지능의 개념에 포함되어야 한다는 것이다. 지능과 영재성의 영역에서 새로운 접근을 시도하는 대표적인 학자들로 Sternberg와 그의 동료들(Dai & Feldhusen, 1999, Sternberg, 1986, 1997b, 1999, 2000, Sternberg & Zhang, 1995)을 들 수 있다.

Sternberg(1985, 1997b)는 그의 지능이론을 바탕으로 영재성을 분석적 영재성(analytical giftedness), 창의적 영재성(creative giftedness) 그리고 실제적 영재성(practical giftedness)의 세 가지 요인으로 구분하였다. 그리고 이런 분석적, 창의적, 실제적 능력들 사이의 균형이 이루어지면 자신의 강점을 인식하고 활용하며 약점을 개선하고 보완함으로써 환경에 적응, 선택, 조성하여 사회 문화적 맥락과 개인의 기준 내에서 성공을 달성한다는 것이다. 따라서 한 가지 영재성만으로는 성공적인 삶의 확률이 적어진다고 보았다. 이와 관련하여, Sternberg(1999, 2000)는 세 가지 지능의 조합으로 영재의 유형을 일곱 가지로 확장하여 설명하였고, 지식기반 접근을 통해서 전문성이 개발되는 과정에서 사고양식, 동기와 같은 비인지적 요인들의 중요성을 강조하기도 했다.

한편, '사고양식(thinking style)'은 능력이라기보다는 문제해결 상황에서 정보를 처리하고 가지고 있는 능력을 사용하는 방법에 대한 선호 현상으로서 영재성을 설명함에 있어서 지능의 한계점을 보완하기 위해 최근에 제기되고 있는 개념들 중의 하나이다.(나동진, 김진철, 2004) 사고양식은 Sternberg에 의해 처음 제기되었는데, Sternberg와 그의 동료들(Sternberg, 1988, 1990, 1993, 1994a, Sternberg & Grigorenko, 1993, 1995, Sternberg & Wagner, 1992, Zhang & Sternberg, 2000)은 일련의 연구들을 통해서 기존의 인지양식(cognitive style) 혹은 학습양식(learning style) 등에 관한 연구들을 통합하여 사고양식 이론으로 발전시켰다.

Sternberg 사고양식 이론의 특징은 인간의 사고기능과 구조를 정부의 통치기능과 구조에 비유하여 규정하였다. 즉 Sternberg의 사고양식은 정신자치제 이론(mental self-government theory)에서 제안되고 있다. 정신자치제 이론의 기본 가정은 정부가 기능(functions), 형식(forms), 수준(levels), 범위(scopes), 경향성(leanings) 등 5가지 차원에서 통치하듯이, 인간도 스스로를 지배하고 조직한다는 것이다.(Sternberg, 1988) 이 가정을 기초로 사고양식은 13가지 유형으로 구분된다. 기능적 차원에서 입법, 행정, 사법적 사고양식으로, 형식적 차원에서 군주, 위계, 과두, 무정부적 사고양식으로, 수준의 차원에서 전체와 지엽적 사고양식으로, 범위의 차원에서 내부와 외부적 사고양식으로, 그리고 경향성의 차원에서 진보와 보수적 사고양식으로 구분된다. 또한 인지양식, 학습양식 등 양식(style)에 관한 기존의 이론들이 양식을 이분법적(dichotomous)인 것으로 가정한 데 반해, 정신자치제 이론은 사고양식을 연속적인(continuous) 개념으로 가정하고 있다. 즉 사람들은 어떤 특정한 유형의 사고양식만을 가지고 있는 것이 아니라, 사고양식의 모든 유형에서 수준은 다르지만 각각의 성향을 다 가지고 있는 것으로 가정한다.

정신자치제 모형을 기초로 한 최근의 연구들을 보면, 사고양식 유형의 타당화, 사회 문화적 배경, 학업성취, 교수방법 등 다른 개인차 변인들과의 관계를 밝히기 위한 연구 등에 집중되어 있으며(Zhang & Sternberg, 2000), 최근에 국내에서도 개인차를 보다 심층적으로 이해하는 데 있어서 사고양식의 유용성에 대한 시도가 일고 있다. 이들의 연구들을 통해서 볼 때, 사고양식이 다음과 같은 특성을 지녔기 때문에 교육현장에서 학생의 사고양식을 이해하는 것은 매우 중요하다.(나동진, 김진철, 2003b, 2004)

첫째, 사고양식은 성장과정에서 가정환경이나 학교특성 등에 의해서 사회화된다. 사고양식이 문화나 사회적 배경 등에 따라 차이가 나타난다는 것은 많은 연구에서 확인되고 있다.(Bernardo, Zhang & Callueng, 2002, Sternberg, 1994a, Sternberg & Grigorenko, 1997) 예를 들어, 영재들과 일반학생에 대한 가정 및 학교에서의 사회적 기대의 차이가 그들의 사고양식에 차이를 가져올 가능성은 매우 높다고 할 수 있다.

둘째, 사고양식은 창의성과 어느 정도의 상관을 갖고 있다. Zhang과 그녀의 동료들(Zhang, 2000a, 2001a, 2002a, 2002b, Zhang & Huang, 2001, Zhang & Postiglione, 2001, Zhang & Sternberg, 2000)은 창의성을 이끌어내는 사고양식이 존재함을 밝혔다. 이것은 지식기반사회에서 더욱 중시되는 창의성 교육과 관련하여, 창의성을 유발하는 사고양식을 권장하는 교육환경을 조성하고 학습과정에서 사고양식과 조화를 이루는 교수처치와 과제상황에 맞는 사고양식의 개발이 가능하다는 점에서 창의성 교육에 시사하는 바가 매우 크다. Zhang(2000a)

은 학습에서 피상적인 접근을 시도하는 학습자들은 행정, 지엽, 보수적 사고양식 등을 사용하며, 심도 있는 접근을 사용하는 학습자들은 입법, 사법, 진보적 사고양식 등 복잡하고 창의성과 관련된 사고양식을 가지고 있음을 밝혔다.

셋째, 사고양식은 학업성취와 밀접한 관계가 있다.(김소연, 2000, 윤미선, 1997, 윤소정, 윤미경, 유순화, 2003, Grigorenko & Sternberg, 1997) 그리고 사고양식은 지능을 통제한 후에도 학업성취를 예측하였다.(나동진, 김진철, 2003b, 2004) Grigorenko와 Sternberg(1997)은 학생의 사고양식과 조화를 이루는 교수－학습방법과 평가방법을 제안함으로써, 학습상황에서 적성－처치 상호작용(Aptitude－Treatment Interaction) 모형이 적용될 수 있다고 주장하였다. 또한 나동진과 김진철(2004), 윤미선과 김성일(2004a, 2004b) 등은 사고양식이 다른 학습변인과의 조합을 통해서도 학업성취를 의의 있게 설명할 수 있음을 밝혔다.

위와 같은 주장들을 종합해 보면, 사고양식은 학교에서 학생들의 행동에 영향을 줄 뿐 아니라, 학습상황에도 영향을 준다. 따라서 사고양식을 고려한 교육처치는 지적 능력을 최대로 극대화하고 잠재력을 발휘하는 데 도움이 된다고 볼 수 있다. 이런 점들을 통해서 볼 때, 효율적인 영재교육을 위하여 학생의 사고양식이 고려되어야 할 것으로 보인다.

지금까지 사고양식은 미국, 홍콩, 중국, 필리핀 등 주로 외국에서 활발하게 연구되었다. 최근에 다양한 주제로 사고양식의 논문들이 발표되고 있지만 영재성과 관련하여 새롭게 관심을 끌고 있는 사고양식의 검증은 거의 없는 실정이다. 2002년에 영재교육진흥법 시행령이 공포되면서 앞으로 영재교육은 더욱 활성화될 것으로 예상되기 때문에 영재의 학업성취와 관련된 사고양식의 연구는 더욱 필요하다고 보인다.

본 연구는 영재집단의 사고양식이 일반학생과 어떤 차이가 있으며, 사고양식과 학업성취와 관계구조의 양상에서 영재집단과 일반학생 간에 어떤 차이를 보이는지를 밝혀 보고자 하는 것이다. 이것은 Sternberg에 의해서 제안된 사고양식 구인에 대한 이론적 타당화를 위한 경험적인 자료를 축적하는 것뿐만 아니라, 영재의 학업성취를 보다 심층적으로 이해할 수 있으며, 영재교육의 프로그램을 개발함에 있어서 사고양식 활용에 대한 시사점을 제공할 수 있을 것으로 기대된다.

2. 연구문제

본 연구의 탐색은 영재집단과 일반학생 간에 사고양식의 차이 검증, 사고양식과 학업성취와의 관계 검증, 그리고 이런 두 변인군 간의 관계구조가 양 집단 간에 어떤 양상이 있는가를 밝혀 볼 것이다. 본 연구에서 설정한 구체적인 연구문제는 다음과 같다.

첫째, 영재학생과 일반학생의 사고양식에 차이가 있는가?
둘째, 사고양식과 학업성취는 상관이 있는가?
셋째, 사고양식과 학업성취의 관계에서 영재학생과 일반학생 간에
　　　차이가 있는가?

제 **2** 부

이론적 배경

본 장에서는 영재학생과 일반학생 간의 사고양식의 차이, 사고양식과 학업성취의 관계에 있어서 영재와 일반학생의 차이를 중심으로 논의하고자 한다. 우선 제1절에서는 사고양식의 개념과 사고양식에 관한 최근 연구들을 개관하고, 다음 제2절에서는 본 연구에서 제기된 연구문제들을 기초로 해서 제기된 가설의 근거들을 논의하고자 한다.

1. 사고양식 이론

1) 양식(styles)의 개념과 특성

양식이라는 개념은 성격 이론의 선구자인 Allport(1937)에 의해서 처음 제기되었다. 양식은 한 개인이 지각, 기억, 사고 그리고 문제해결을 하는 습관적 방식이라고 정의되기도 하고(Allport, 1937), 한 개인이 정보를 조직화하고 표상할 때 사용하는 습관적인 선호방식이라고 정의되기도 한다.(Riding, 2002) Allport 이후 양식이라는 개념은 인지양식, 학습양식, 표현양식, 반응양식, 방어양식, 인지통제양식 등으로 나누어져 연구되었으며, 1990년대 이후 양식과 관련된 개념의 통합노력이 있었다.(Curry, 1983, Riding & Cheema, 1991) Sternberg 와 그의 동료들은 이러한 통합노력의 중심에 있어 왔다.(Sternberg, 1988, 1990, 1993, 1994a, Sternberg and Grigorenko, 1993, 1995, Sternberg and Wagner, 1992, Zhang & Sternberg, 2000)

교육심리학 분야에서 양식에 대한 관심은 1960년대 이후 인간의 인지기능에 대한 새로운 접근으로 인지심리학이 대두되면서 관심이 일기 시작했다. 당시 인지심리학자들과 발달심리학자들은 인간의 인지기능에 대한 새로운 접근을 탐색하였다. 그들은 인지(cognition) 구인, 감정(affection) 구인, 능동성(conation) 구인 등 세 가지 구인들이 인간의 마음을 구성하고 있음에도 각 구인들이 독립적으로 강조됨에 따라서 학습과 발달의 개인차를 종합적으로 이해하는 데 있어서 저해요인으로 되었다고 보았다.(Snow, Corno, & Jackson III, 1996) 예컨대, 그들은 심리측정학적 접근이 정신능력의 총체라고 일컬어지는 기존의 IQ만으로는 개인차를 규명하는 하지 못했다고 비판하였다.(Grigorenko & Sternberg, 1995) 이처럼 양식에 대한 초기의 심리학적 접근은 능력이론과 성격이론 사이의 연계점(interface)을 찾기 위한 시도에서 이루어졌는데, 최근에 능동성(conation) 영역으로서 양식에 대한 연구가 새로운 관심 영역으로 등장되면서 그 정도와 깊이가 더해지고 있다.(Sternberg & Zhang, 2000) Sternberg와 동료들(Grigorenko & Sternberg, 1995, Sternberg & Zhang, 2000)은 기존의 양식에 관한 분화된 개념들을 '사고양식'이라는 개념으로 통합하였다. 그들에 의하면 사고양식은 사람들이 능력을 이용하는 데 있어서 선호하

는 방식이다. 즉 지능과 성격의 조합이라고 할 수 있다. 예컨대, 비
슷한 능력을 가진 두 학생이 있다고 하더라도 어떤 학생은 자신의
생각에 따라서 학습하고 글을 쓰기를 좋아하는 반면에, 어떤 학생은
윗사람의 명확한 지시에 따라서 과제를 하는 것을 선호할 수 있다.
Sternberg(1995, 1997a)에 의하면 사고양식의 특성은 다음과 같다.

첫째, 사고양식은 능력이 아니라, 이를 사용하는 선호 경향성이다.
예를 들어, 혼자 일하기를 좋아하는 사람이 있는 반면에 여러 사람들
과 함께 일하기를 좋아하는 사람도 있다. 둘째, 사고양식은 사회화되
고, 과제와 상황에 따라서 변화될 수 있다. 사람들은 정해진 스타일
을 가지고 태어나는 것이 아니고 일생 동안 타인과의 상호작용을 통
해서 자신의 스타일로 고착시킨다. 또한 스타일은 변할 수 있다. 즉
개인의 환경, 분위기, 선호 경향의 변화에 의해서 달라진다. 셋째, 사
고양식의 선호는 가치가 있는 것이 아니라, 단순한 개인차다. 어떤
특정한 스타일이 강할 때 그에 적합한 상황에서는 잘 적응할 수 있으
나 그 반대의 경우도 있다. 따라서 개인에게 요구되는 것은 하나의
스타일이 아니라, 상황적 요구에 따라서 스타일을 바꿀 수 있는 융통
성이라고 할 수 있다. 넷째, 사람들은 때때로 스타일과 능력 수준을 혼
동한다. 학생들의 스타일이 교사의 가치와 다르다고 틀린 것은 아니
다. 따라서 교사는 그와 다른 스타일을 가지고 있는 학생이 불이익을
받지 않도록 학습자의 스타일을 이해해야 한다. 다섯째, 개인마다 다
양한 양식의 프로파일(profile)을 갖는다. 따라서 학습자의 프로파일
유형은 상황의 적응이나 학업성취의 개인차를 이해하는 데 있어서 많
은 도움이 될 것이다. 여섯째, 스타일은 능력이 함께 고려되었을 때,
상승(synergy)효과가 나타난다. 따라서 학교에서는 학생의 능력, 사고
양식과 조화를 이루는 교수-학습방법과 평가방법이 적용되어야 할

것이다. 이 밖에도 Sternberg(1988, 1997b)는 각 문화권 내의 보상체계와 스타일의 사회화 가능성을 강조하며, 사고양식의 발달에서 문화, 성, 연령, 부모의 양육방식, 학교교육, 직업 등의 변인들이 영향을 미친다고 하였다. 특히, 학교교육과 관련하여, Sternberg은 전 세계에 걸쳐서 대부분 학교에서는 행정, 지엽, 보수적 스타일을 강조하고 있고, 또한 학생들은 자신의 스타일을 학교가 원하는 방향으로 발달시키려는 경향을 갖는다고 지적하였다.

이상과 같은 사고양식의 개념을 종합하여 보면, 사고양식은 능력의 조합에 의한 상승효과, 과제 및 상황 특수성, 선호도의 개인차, 사회화, 교수-학습과 평가의 다양성 등을 갖는 것으로 성격과는 다른 구인이라고 볼 수 있다.

2) 양식(styles)에 관한 선행연구

양식(styles)에 관한 선행연구들은 크게 인지 중심적 연구, 성격 중심적 연구, 행동 중심적 연구 등으로 분류된다.(Grigorenko & Sternberg, 1995) 첫째, 인지 중심적 접근은 주로 인지심리학자들에 의해서 발전되었다. 이들은 문제해결과 감각기능 및 지각기능에 관한 연구가 초점을 이룬다. 이 연구들은 인지 스타일이 IQ가 설명하지 못한 개인차를 설명하는 구인이라는 점을 찾는 과정에서 이루어졌다. Sternberg와 Grigorenko(1997)는 인지 중심적 스타일 연구에서 주요 학자와 개념 및 정의를 <표 Ⅱ-1>과 같이 제시하였다. Gardner(1983)는 다양한 인지스타일 이론들에 내재되어 있는 공통요소는 지각 체제가 개인의 인지에 대한 창문이 될 수 있다는 연구자의 신념이라고 했다. 이런 견해는 지각적 과제를 이용하는 인지 스타일을 평가하는 도구의 중요성을 설명하는 것이라고 볼 수 있다. 특히, Witkin(1973)이 주장하는 장 의존적 – 장 독립적(field independence – field dependence)인 스타일이나 Kagan(1966)의 신중성 – 충동성(reflectivity – impulsivity)의 스타일은 아직까지 많이 이용되는 접근으로서 인지 스타일에 대한 개념적 차이와 경험적 차이를 각각 설명하고 있다는 점에서 높이 평가를 받고 있다. 예를 들어, 장 의존적인 학생은 주변상황으로부터 스스로를 분리시키는 것을 어려워할 수 있으나, 장 독립적인 학생은 주변상황의 방해를 덜 받으며 특정 도형을 더 쉽게 찾아낸다.(Witkin, Dyk, Faterson, Goodenough, & Karp, 1962; Witkin, Oltman, Raskin, & Karp, 1971) 장 의존 학생은 협동학습이 필요한 과목을 더 선호하고, 장 독립성 수준은 학업성취와 관련이 있다.(Davis, 1991) 장 의존적인 학생은 사회적인 측면에 더 잘 동조하고 장 독립적인 학생보다는 협동학습을 더 선호한다. 장 의존적인 학생들은 문학이나 역사 과목과 같이 전체 의미나 형태 인식을 필요로 하는 과목들을 선호하는 데 비해서, 장 독립적인 학생은 분석적 능력이 필요한 수학이나 과학과목을 선호한다.(Davis, 1991) 따라서 교사는 장 독립적인 학생들에게 자신의 행동이 전체 집단에 어떤 영향을 미치는지, 사실들이 전체 속에서 어떤 의미가 있는지를 생각하도록 지도해야 하며, 이 밖에도 교사는 학생들의 사고양식을 잘 모르기 때문에 다양한 방법으로 교육해야 한다. 또한 Kagan(1965, 1966)은 신중한 학생은 의사결정 전에 대안을 생각하고, 충동적 학생은 깊은 생각 없이 대답하는 경향을 갖는다고 밝혔다. 충동성 수준도 학업성취에 영향을 주는데, 충동적인 학생은 읽기나 기억과제에서 실수가 많고, 추론문제나 시각적인 구별을 필요로 하는 과제에서 자주 틀린다. 학생들의 충동성은 교육을 통해서 수정할 수 있다. 수업시간에 질문과 답변을 돌아가면서 하거나, 개인과제에서 문제해결 과정을 말로 표현하게 한다든지, 선다형 문제를 풀 때 자신이 오답이라고 생각되는 것을 연필로 먼저 표시하는 방법 등으로 수정해 나갈 수 있다.

〈표 II-1〉 인지 중심적 스타일 연구

스타일	참고문헌	정 의
범주의 폭	Pettigrew(1958)	개인의 인식 차이가 행동으로 나타나는 정도
개념의 스타일	Kagan, Moss, & Sigel (1963)	정보에 대한 분석 선호성
개념의 템포	Kagan(1966)	대안적인 해결책에 대하여 심사숙고하는 경향성 대 충동적으로 반응하는 경향성
제한적 조절과 융통성	Smith & Klein(1953)	두 가지 갈등적인 상황 중에 하나를 간과하는 경향성
장 의존적과 장 독립적	Witkin(1973)	일반적인 시각 영역의 구조에 대한 의존 정도
비현실적 경험에 대한 참을성	Klein & Schlesinger (1951)	사실이라고 알고 있는 것과 불일치한 경험을 수용하거나 보고하기 위한 준비성

(출처: 사고양식과 학업성취에 관한 연구, 윤미선, 1997, p.10.)

둘째, 성격 중심적 연구는 지능과 성격 간의 연계로서 심리적 구인을 찾는 과정에서 이루어졌다. Myers-Briggs(Myers & McCaulley, 1985)의 이론과 Gregorc(1985)의 스타일 모델이 있다. Myers의 이론은 MBTI(Myers-Briggs Type Indicator) 검사도구가 활용되었고, Gregorc은 구체적 대 추상적(concrete vs. abstract) 스타일과 연속적 대 임의적(sequential vs. random) 스타일이라는 2차원을 조합하여 총 4가지 스타일을 제안하였다.(윤미선, 2003 재인용) 또한 Furnham, Jackson과 Miller(1999)는 Eysenck와 Eysenck(1964)의 성격검사 도구와 Honey와 Mumford(1982)의 학습양식 검사 사이에는 유의한 관계가 있다고 밝혔다. 예를 들어, 외향적인 사람은 행동적인 반면에 내성적인 사람은 신중한 경향을 갖는다. 최근에 Zhang(2001a)은 Holland의 직업흥미 변인과의 관계에서 내부적 사고양식은 사회형(social), 기업형(enterprising)과 부적 관계를 보이고, 낮은 예술형(artistic)은 행정, 지엽, 보수적 스타일과 정적 관계가 있음을 밝혔다.

셋째, 활동 중심적인 접근은 이론적 접근이기보다는 경험적 관찰에 의해서 교수 스타일 연구(Fischer & Fischer, 1979, Henson & Borthwick, 1984, Kuchinskas, 1979)와 학습 스타일 연구(Bargar & Hoover, 1984, Dunn & Dunn, 1978, Dunn & Dunn, & Price, 1979, Gregorc, 1979, 1985, Hunt, 1979, Kolb, 1974, 1978, Kuerbis, 1988, Renzulli & Smith, 1978)에 대한 새로운 모형을 창안하려는 방향에서 이루어진 접근이다. 1960년대와 1970년대 초 개인차에 대한 이론과 학교현장에서 실제적인 개인차의 괴리감이 인식되면서 새로운 검사도구가 요구되었다.(Grigorenko & Sternberg, 1995) 예컨대, Kolb(1974)는 학습의 네 가지 양식들을 수렴적인 것과 확산적인 것, 동화적인 것과 조절적인 것으로 분류하였다. 또한 Biggs의 학습접근 이론(1979)과 관련하여, 입법, 진보적 스타일처럼 창의적 스타일의 선호는 학습을 심층적(deep)으로 접근하고, 단순한 양식을 선호하는 학생은 학습을 표면적(surface)으로 접근하였다.(Zhang, 2002b, Sternberg & Zhang, 2000)

이상과 같이, 기존 학자들 사이에 스타일 개념에 대한 이론적이고 실제적인 일치는 없으며, 다만 다양한 학자 개인의 관심 분야에 따라서 다소 다른 측면의 현상들을 다루고 있음을 알 수 있다. 한편, 기존의 스타일 연구와는 다소 다르게 Sternberg는 기존의 접근에 대한 대안으로서 정신자치제 이론에 입각하여 인간행동의 발현을 통합적으로 설명하고 있다. 인간행동에 대한 통합적 설명은 개인들이 과제 상황에서 지능을 이용하는 방법의 차이는 지능 수준, 성격, 과제 난이도 등의 차이에서만 있는 것이 아니라, 인지적 요소와 비인지적 요소와의 상호작용에 의해서 심층적으로 설명될 수 있다고 보인다.

3) 정신자치제 이론과 사고양식

정신자치제 이론(mental self-government theory)은 지난 25년간에 걸쳐 연구해 온 Sternberg의 지능이론의 3기에 걸친 발달과정(제1기: 1977년의 유추의 요소이론, 제2기: 1985년의 삼원 지능이론, 제3기: 1996년의 성공지능) 중에서 두 번째 시기에 제안되었다.(하대현, 2004) 정신자치제 이론의 핵심적 개념은 사람들이 자신들의 일상적인 행동에 다양한 방식의 지배나 관리가 필요하다는 것이다.(Sternberg, 1988, 1990, 1997a)

Sternberg(1988, 1990, 1997a)는 인간의 사고양식을 인간세계에 존재하는 통치형태 및 통치조직과 관련시켜 이해하고자 한다. 인간세상에서 나타나는 정부의 다양한 스타일은 우연이 아니라, 인간의 정신 스타일이 외적으로 반영된 것이기 때문에 인간의 사고양식을 이해하기 위해서는 정부의 외적 측면과 내적 측면의 의미를 살펴야 된다고 본다. 이런 가정을 바탕으로 볼 때, 사고양식은 능력이 아니다. 능력이 비슷한 사람도 다른 사고양식을 지닐 수 있다. 예컨대, 비슷한 능력을 지닌 사람일지라도 어떤 사람은 자신의 생각에 따라 일하는 것을 선호할 수도 있다면 어떤 사람은 교사의 지시에 의해서 문제를 해결하고자 한다. 어떤 사람은 협동학습을 선호하기도 하고, 어떤 사람은 자기 주도적 학습을 좋아할 수 있다.

정신자치제 이론은 인간의 정신세계에도 개인의 행동을 다스리는 심리적 구인으로서 정부가 존재한다고 보고, 정부가 기능(functions), 형태(forms), 수준(levels), 범위(scopes), 경향성(leanings) 등 5가지 차원에서 통치하듯이, 인간에게도 <표 Ⅱ-2>처럼 사고양식을 적용할 수 있다고 가정하였다.(Sternberg, 1988, 1990, 1997a)

∘ **정신자치제의 기능은** 국가가 입법, 행정, 사법부의 부서를 가지고 기능을 하듯이, 인간의 정신도 같은 기능을 수행하고 있다고 본다.

− 입법적(legislative)인 사고양식은 창조성을 갖고 새로운 것을 산출해 내는 것과 관련이 있는 것으로 이런 유형의 사람은 자신만의 규칙을 설정하여 창의적으로 문제를 해결하고 구조화되지 않은 과제를 선호하는 경향을 갖는다.

− 행정적(executive)인 사고양식은 어떤 지침에 의해서 과제를 수행하는 것과 관련이 있는데, 이런 유형이 사람은 자신의 역할이 분명하게 설정된 상황과 구조화된 업무를 좋아한다.

− 사법적(judicial)인 사고양식은 판단, 평가, 비교 등과 관련이 있는데, 이런 유형의 사람은 기존의 규칙과 절차 또는 관념이나 사물에 대하여 평가하고, 판단하고, 분석하는 경향을 보인다.

∘ **정신자치제의 형식은** 인간세계에서 존재하는 정부의 형식이 분류되듯이 개인의 정신자치제 형식에도 각기 다르다는 것이다.

- 군주적(monarchic)인 사람들은 한 가지 일에 초점을 맞춰 그 일이 완성될 때까지 과제수행에 전념하는 경향을 갖는다.

- 위계적(hierarchic)인 사고양식을 선호하는 사람은 다양한 목표를 갖고 그 목표들에 대한 우선순위를 정하고 체계적으로 접근하여 문제를 해결하려는 경향을 갖는다.

- 과두적(oligarchic)인 사고양식은 다양한 목표를 설정한다는 면에서 위계적 스타일과 동일하나 여러 목표들에 대한 중요성에 대한 우선순위의 설정이 어려워서 한 가지 일에 몰두하기보다는 여러 가지 일을 동시에 수행하는 방식을 선호한다.

- 무정부적(anarchic)인 사고양식은 규칙, 절차, 지침, 체제, 형식들을 매우 싫어하고 상당히 임의적으로 문제 해결하기를 좋아하며, 규칙, 권위에 저항하기도 한다.

∘ **정신자치제의 수준은** 연방, 주, 지역, 도시, 기타 등의 수준에서 정부의 기능을 발휘하듯이 정신자치제의 기능도 특정한 수준에서 기능이 발휘된다는 것이다.

- 전체적(global)인 사고양식 유형은 문제에 대한 전체적 윤곽에 관심을 갖고 추상적인 문제를 좋아하는 경향이 있다. 그리고 개념적이고 이상적인 세계에서 일하는 것을 좋아한다.

- 지엽적(local)인 사고양식 유형을 지닌 사람들은 문제의 특수한 사항에 관심을 갖고 세부적인 작업과 정확성을 요구하는 문제를 좋아하는 경향을 갖는다. 그리고 실질적인 지향성을 가지고 있다. 전체적 사고양식이 나무보다 숲을 보려는 경향이 있다면, 지

엽적 사고양식을 선호하는 사람은 숲 속의 나무를 보려는 경향
을 갖는다.

◦ **정신자치제의 범위는** 정부가 국내 또는 국외 정세를 다루듯이
개인도 내부적, 외부적 문제를 다루는 범위를 말한다.
- 내부적(internal)인 사고양식은 독립적, 내성적, 과제 지향적이고
혼자 문제해결의 경향이 있다.
- 외부적(external)인 사고양식의 선호는 외향적, 대인관계 지향적
이어서 타인과 상호작용으로 문제해결의 경향을 갖는다.

◦ **정신자치제의 경향성은** 정부의 정치적 성향으로 두 가지가 있
다. 가장 보편적인 정치적 성향으로 우익 대 좌익처럼 연속선상
으로 표현된다. 따라서 정신자치제의 성향도 진보적(liberal) 스
타일과 보수주의적(conservative) 경향으로 대별된다.
- 진보적 사고양식을 선호하는 사람들은 신기성(novelty)과 모호성
이 개입된 일을 좋아한다. 기존의 규칙과 절차에 탈피하고 변화
를 추구한다는 면에서 입법 스타일과 유사해 보일 수 있지만,
입법적 양식은 자신만의 고유한 규칙이나 절차를 설정하나 진보
스타일은 그런 수준까지는 미치지 못한다.
- 보수적 사고양식을 선호하는 사람들은 과업수행에 있어서 규칙
과 절차를 고수하려는 경향이 있다. 새로운 문제해결의 방법 역
시 기존의 관습에 허용되는 범위에서 찾고자 한다.

〈표 Ⅱ-2〉 사고양식 분류와 특징

영 역	유형	특 징	학교생활의 예
기 능	입법	자신만의 방법으로 창조, 계획	발명, 시·소설·음악 등의 창작
	행정	타인에 의한 활동 추구	주어진 자료 학습
	사법	타인 활동 판단, 평가, 비교	타인 글 평가, 피드백, 조언
형 식	군주	한 가지 목표에 대한 집중	하나의 일에 몰두
	위계	우선순위에 맞게 업무수행	과제의 우선순위에 따라 노력
	과두	동시에 여러 일을 함	우선순위가 없어 끝맺음 어려움
	무정부	규칙, 절차, 형식을 싫어함	자유분방한 방법으로 일 추진
수 준	전체	전체적, 추상적 개념 추구	전체적 내용과 의의에 관심
	지엽	세부적, 구체적 문제 추구	세부 사항에 관심
범 위	내부	홀로 일하고 자기 충족적임	독립적인 연구 선호
	외부	함께 일하고 상호의존적	공동연구 선호
경향성	진보	전통도전, 새로운 방법 추구	도전적 과업, 개방교육을 선호
	보수	전통과 안전성 추구	정확한 지침, 전통교육을 선호

(출처: Styles of thinking, abilities and academic performance, Grigorenko & Sternberg, 1997. p.298.)

Sternberg(1997a)는 5가지 차원과 13가지 사고양식은 완벽하지는 않지만 지적 기능에 대한 중요한 측면을 표현해 준다고 하였다. 예 컨대, 사고양식의 차이는 개인이 특정한 사고양식의 소유문제가 아 니고 특정한 사고의 선호 정도의 문제다. 특정 과제(예: 창의적 작문) 나 교수법(예: 발견학습)은 다른 사고양식(예: 사법적 사고양식)보다 는 어떤 사고양식(예: 입법적 사고양식)에 좀 더 적합할 수 있으므로 그런 특정 사고양식의 표출을 길러 주고 촉진시켜야 한다. 이런 의 미에서 사고양식은 개인의 성격뿐만 아니라, 과제나 상황적 요구를 반영한다. 즉 상황 맥락에 따라서 인간은 입법적 사고양식과 행정적 사고양식을 동시에 선호할 수도 있고, 지엽적이면서 전체적 사고양식을 선호할 수도 있으며, 군주적이면서 위계적 사고양식을 동시에 선호할 수도 있다.(Bernardo, Zhang & Callueng, 2002, Csikszentmihalyi, 1993, Sternberg & Grigorenko, 1997)

위의 내용을 종합해 보면, 사고양식은 능력이라기보다는 문제해결 상황에서 정보를 처리하고 가지고 있는 능력을 사용하는 방법의 선호이다. 이것은 학교현장에서 특정 과제에 대하여 학생들은 어떤 문제해결 방법을 비교적 안정적이고 일관되게 적용하는 사고의 경향성과 관련을 가진다. 사고양식의 독특한 특성은 하나의 차원이 아니라 여러 차원으로 이루어지고, 기존의 이분법적인(dichotomous) 차원이 아니라 연속적인(continuous) 차원이며, 개인마다 하나의 양식이 발견되기보다는 여러 양식들의 프로파일이 얻어진다는 점에서 기존의 스타일 개념과는 많은 차이가 있다.

Csikszentmihalyi(1993)는 사람들은 특정한 과제상황의 맥락에 따라 입법적이면서 행정적일 수도 있고, 지엽적이면서 전체적일 수도 있으며, 군주적이면서 위계적일 수 있다고 하였다. 즉 과학적 탐구에서 가설의 설정은 높은 추상적 사고뿐만 아니라, 입법적 기능도 관련되는 반면에, 가설 검증은 확립된 규칙이나 절차, 세부적인 것에 주의를 요하기 때문에 복잡한 사고양식을 가진 학생은 그러한 지적 노력에 대한 자기 일관적 프로파일을 가진 학생보다 과제의 요구에 더 부합될 수 있다. 따라서 사고양식은 학습자의 다양성을 이해하고 이에 맞는 교육적인 처치를 할 수 있다는 점에서 유용한 구인으로 보인다. 즉 사고양식은 개인의 지적 능력이 복잡하다는 현상에 비추어 개인차 연구에 타당한 구인이라고 생각된다.

4) 최근 연구동향과 교육적 적용

사고양식 검사(Sternberg & Wagner, 1992)의 구인 타당도를 알아보기 위한 요인분석 결과가 여러 가지로 제시되고 있다.

Sternberg(1994a)는 9~10학년 학생들을 대상으로 한 검사에서 다섯 가지 요인을 추출하였다. 1요인은 보수(.87), 행정(.58), 진보(−.81). 입법적 사고양식(−.78) 등에 높은 부하량을 나타냈다. 2요인은 과두(.70), 사법적 사고양식(.70)에 대하여 높은 부하량을 보였다. 입법과 행정적 사고양식은 대립인 반면에, 사법적 사고양식은 각각에 대하여 개념적으로 반대가 아니기 때문에 각 요인에 대한 부하량은 타당하게 나타났다. 3요인은 외부(.72)와 내부적 사고양식(−.80)이 대비된다. 4요인은 지엽(.92)과 전체적 사고양식(−.82)의 대비이고, 5요인은 위계적 사고양식이 높은 부하량(.86)을 보였다.

Dai와 Feldhusen(1999)은 미국 고등학교 영재를 대상으로 탐색적 요인분석을 실시한 결과, 세 가지 요인을 추출하였다. 1요인은 '지적 독립성(intellectual independence)'이라고 하는데, 입법, 진보, 사법, 내부, 지엽적 사고양식으로 개방적, 비판적 사고들로 구성되었다. 2요인은 '집행적−조직적(executive−methodical) 기능'으로 체계적인 방식으로 규칙을 따르는 행정, 보수, 군주, 위계적 사고양식들이 포함되었다. 3요인은 외부, 전체, 내부적 사고양식이 중복된다. 필리핀 고등학생을 대상으로 하여 Bernardo 등(2002)은 "사고양식의 1요인은 '진보적(liberal) 사고'로서 입법, 진보, 내부, 군주, 전체, 사법적 사고양식이다. 2요인은 '구조적(structured) 사고'이다. 이것은 보수, 행정, 군주, 지엽, 과두, 사법, 위계적 사고양식이 해당된다. 3요인은 외부, 과두적 사고양식 등이 포함된 '협력적(cooperative) 사고양식'이다."라고 하였다. 진보적 사고는 비구조적인 과업을 혼자서 일하는 것을 선호하고 분명한 우선순위가 없는 과업을 선호하는 사람들이다. 구조적 사고는 구조에 집착하는 경향이 있고, 협력적 사고는 다양한 과업을 다른 사람과 협력하는 것을 선호하는 것과 관련이 있다.

한편, Bernado 등(2002)은 Gregorc(1982)의 정신 유형 검사와 MBTI(Myers & McCaulley, 1985)를 이용하여 정신자치제 이론의 구인들의 외적 타당화를 실시하였다. 그 결과, Gregorc의 측정도구와의 관계에서 총 52개 중 22개가 유의한 상관(약 42%)이 있었고, MBTI와는 총 128개 중 30개가 통계적으로 유의한 상관관계(약 23%)를 보였다. 이런 상관은 기대 수준의 관계로서 각각 방식이 다를지라도 다양한 유형의 사고양식이 지능과 성격 사이의 접점인 유사한 공간 부분을 측정한다고 제안하였다. 하지만 정신자치제 이론의 구인들과 IQ와는 상관이 없었고, GPA(대학평균 점수)와도 유의한 상관이 없었다. 그리고 사법, 전체, 진보적 사고양식들은 SAT 수리 영역과 상관이 있었으나, 언어 영역과는 상관이 없었다.

최근에 국내에서도 한기순, 배미란(2003)은 대학교 부설 과학영재교육원의 중학생 영재를 대상으로 사고양식과 성격 특성이 많이 중첩되는 특성이 있음에도 불구하고 신경성 부분은 사고양식에 의해서 측정되기 어려운 구인임을 밝혔다. 또한 이들을 대상으로 탐색적 요인분석을 한 결과, eigen value 1 이상인 네 가지 요인이 추출되었고, 이 요인들은 전체 변량의 68%를 설명하였다. 1요인으로는 입법, 진보, 보수주의적 요인이 관련되고, 2요인으로 행정, 사법, 위계, 군주적 사고양식이 하나의 요인으로 묶여지며, 나머지 두 가지 요인으로는 경향성과 수준을 반영하는 요인으로 나타남으로써 Dai와 Feldhusen(1999)의 연구와 유사하다고 주장하였다. 하지만 일반 중학생집단은 영재집단과는 달리 세 가지 요인으로 추출되었다. 첫째 요인은 사고양식의 기능, 수준, 경향, 형식, 범위와 관련이 추출되었을 만큼 특성이 매우 복잡하게 작용하고 있고, 둘째 요인은 영재의 경우와 같이 '조직성 및 규칙성'과 관련되며, 그리고 나머지 요인은 군주와 내부적 사고양식이 하나의 요인으로 작용하였다. 전체 변량의 설명력도 58.8%로 영재집단보다 적었다. 이것은 일반집단의 경우가 영재집단보다는 사고양식의 요인구조가 덜 타당하게 나타나고 있음을 보여준다. 이 밖에도, 사고양식과 Holland의 직업탐색 검사의 관계(Zhang, 2000a), 사고양식과 Big-Five 성격요인과의 관계(Zhang, 2002b) 등을 통해서 사고양식은 성격과는 다른 구인임을 알 수 있다.

한편, 정신자치제 이론에 근거한 사고양식은 미국, 홍콩, 필리핀 등 국외뿐 아니라, 국내에서도 내·외적 타당화 과정을 통해서 교육현장에서 활용될 수 있는 가능성이 제시되었다.

첫째, Sternberg(1990)는 타당화 준거로 제시한 미국 9~10학년 학생들은 입법, 외부, 진보적 사고양식을 선호하고, 보수적 사고양식을 가장 덜 선호하였다.

둘째, Sternberg는 학교현장에서의 사고양식의 유용성을 입증하였다.(Sternberg & Grigorenko, 1995, 1997) 예를 들어, 고학년 담당교사가 저학년 담당교사보다 더 행정적인 사고양식의 경향을 보였다. 즉 저학년 담당교사들은 고학년 담당교사들 보다는 창의성과 관련된 사고양식을 장려할 수 있다고 보았다.(Sternberg & Lubart, 1996) 또한 경력이 많은 교사가 젊은 교사보다는 행정, 지엽, 보수적 사고양식을 선호함으로써 젊은 교사가 원로 교사보다는 창의성을 장려하는 사고양식을 지니고 있음을 알 수 있다. 자연과학 담당교사는 지엽적이고 인문과학 담당교사는 진보적 사고양식을 선호함으로써 담당교과 영역별로 교사들의 사고양식이 다소 차이가 있음을 지적하였다. 학교 요람, 교수-학생 안내서, 교육목표와 교육목적에 관한 서술문, 교과과정, 관련 정보 등을 통한 전문가의 평가자료의 분석에 의해 교사들의 사고양식은 그 학교의 이념과 관련되는 경향을 가지고 있음을 밝혔다. 또한 교사의 사고양식과 일치하는 학생이 긍정적인 평가를 받으며, 교사는 자신의 사고양식과 일치하는 학생에게 과대평가하였다.

셋째, Sternberg와 Grigorenko(1995)는 124명의 학생을 대상으로 배경변인에 따라서 사고양식을 분류하였다. 부모의 직업과 교육 수준과 사법, 지엽, 보수, 과두적 사고양식과 부적관계가 있었고, 동생이 형보다 더 입법적이며, 학생들의 사고양식은 담당교사의 사고양식과 일치하는 경향을 보였다. 또한 사고양식은 특히 중국에서도 많은 타당성 연구가 있었다.(Ho, 1998, Sachs & Zhang, 1997, Tso, 1998, Zhang, 1999) Tso(1998)와 Ho(1998)의 연구는 사고양식의 검사지가 비교적 타당성이 있음을 보였고, Sachs와 Zhang(1997) 그리고 Zhang(1999)의 연구에서는 연령, 학년, 전공, 여행의 경험 등의 변인에 의해서 사고양식은 유의한 차이를 보이고, 남자가 여자보다 전체적 사고양식을 선호하며, 여행의 경험이 많은 학생이 입법, 진보적 사고양식을 선호하며, 과외활동 참여가 입법, 진보, 위계적 사고양식을 선호하고, 자연과학과 공학전공의 대학생이 인문전공 학생에 비해서 전체적 사고양식을 선호하는 경향이 있었다.

2000년 이후로 국내에서의 사고양식의 연구동향은 사고양식 개념과 측정도구의 내·외적 타당화를 위한 방향에서 벗어나 교육현장에서의 실제적 적용에 초점을 두고 있다. 특히, 본 연구와 관련하여 선행연구들(나동진, 김진철, 2003a, 2003b, 2004, 윤소정 외, 2003,

한기순, 배미란, 2004)은 영재의 사고양식을 통해서 영재의 다양성을 이해할 수 있으며, 특히 영재의 성취를 이해하는 데 있어서 많은 정보를 제공해 주는 구인임을 밝혔다. 이 밖에도 Zhang의 아시아 문화권 내에서 사고양식의 적용 가능성 및 타당성 연구(Zhang, 2002b)를 비롯하여, 사고양식과 성격변인과의 관계(Zhang, 2000a, Zhang & Huang, 2001), 사고양식과 학습전략과의 관계(Zhang, 2000b, Zhang & Sternberg, 2000) 연구들이 있었다. 또한 자기 효능감, 개인적인 과외학습의 경험, 지각된 능력, SES, 인지발달 등 학습성취와 관련된 변인과의 관계(Zhang, 2001a, Zhang & Postiglione, 2001), 교사를 대상으로 한 사고양식(나동진, 김진철, 2003a, 윤미선, 1998), 직무 스트레스에 대한 중재변인으로서 사고양식 연구(나동진, 김진철, 2003a, Abraham, 1997) 등 다양한 대상과 변인으로써 검증이 있었다. 그러나 개인의 사고양식이 통합되고 다면적인 접근이라는 점에서 높이 평가될 수 있으나, 이론적 타당성에 비해서 현장적용에서 활용이 다소 제한을 받는다.(윤미선, 김성일, 2004a) 오히려 Gridley(1998)는 지나치게 많은 프로파일의 조합 혹은 패턴이 가능함으로써 사고양식의 개념이 혼란스럽다고 하였다. 따라서 윤미선과 김성일(2004a)은 성취에 직접적으로 영향을 미치는 사고양식의 하위변인을 추출하여 프로파일 접근을 시도함으로써 학교에서 실용적으로 사용할 수 있는 가능성을 확인했다.

위의 선행연구들을 종합해 볼 때, 사고양식은 연령, 출생순위, 성 등의 개인특성과 학습 환경에 따라 사고양식의 차이가 있고, 교사의 사고양식은 다양하고 학생들은 교사의 사고양식과 일치할 때 성취가 좋아지며, 사고양식과 성격 유형, 사고양식과 학습접근 모두 관계가 있다.(Zhang, 2001a) 사고양식의 가치가 인정되는 특정 환경에서 학생의 능력이 더 잘 발휘될 수 있으며, 성취의 개인차를 심층적으로 이해하는 데 사고양식은 많은 정보를 제공할 수 있는 변인으로 보인다. 그리고 사고양식은 기존의 지능이나 학업적성과는 확실하게 다른 기능을 하고 있는 구인이라고 할 수 있다. 또한 사고양식은 교사의 평가법과 교수법이 특정 학생에게 특혜가 될 수 있다는 것이다. 따라서 교사들은 다양한 사고양식을 사용하는 수업활동이나 수업방법을 계획하고 실천해야 한다는 점이다. 그러나 Dai와 Feldhusen(1999)이 지적했듯이, 사고양식의 측정척도의 신뢰도는 나이와 표집에 의해서 영향을 받는다는 점을 들 수 있다. 특히, 과두적 사고양식과 무정부적 사고양식의 문항 내적 일치도는 매우 낮았다.

2. 영재성과 사고양식

1) 영재성의 정의

영재의 가치가 시대적·사회 문화적 가치를 반영하기 때문에 영재성은 지적 수준, 성취 수준, 성취 유형 등에 따라 다양하게 정의된다.(Sternberg & Zhang, 1995) 또한 지역에 따라 지능검사가 영재성의 준거가 되기도 하고 무시되기도 한다.(Taylor & Kokot, 2000) 이처럼 영재성에 대하여 다양한 의견이 존재하는 까닭은 영재성이 실체로서 인간에게 보이는 특성이 아니라, 하나의 심리적 구인이라는 점이다. 따라서 영재성이 직접적으로 관찰되고 측정될 수 없으므로 영재성의 속성이 무엇인가에 대해 학자들 사이에 다양한 의견들이 있다.(Hagen, 1980) 또 다른 이유는 영재성이 상대적 개념이라는 점이다. 따라서 영재교육목적에 따라서 영재성의 범위가 다소 달라질 수도 있다는 것이다. 영재교육 영역에서 자주 인용되는 영재성에 대한 정의를 살펴보면 다음과 같다. 우선, 가장 많이 인용되는 것은 Renzulli(1986, 1994)의 견해다. 그는 영재성이 평균 이상의 지적 능력, 과제 집착력, 창의성이라는 세 가지 요인들의 상호작용의 결과로 나타나는데, 세 가지 특성 모두에서 85% 이상이거나 적어도 한 가지 특성에서는 98% 이상일 때, 뛰어난 성취를 보일 가능성이 높아진다고 보았다. 평균 이상의 능력이란 일반적으로 지능이 높을수록 높은 성취를 할 가능성이 높다고 생각하는 경향이 있어왔으나, 지능지수가 115 이상이면 충분히 영재교육의 대상이 될 수 있다고 주장한다. 창의성 요소는 개념이 매우 다양하지만 새로우면서도 유용한 것을 생각해 내거나 만들어내는 특성이라고 본다. 과제집착력이란 어떤 한 가지 과제 또는 영역에 자신의 에너지를 집중시키는 성격특성을 말한다. 즉 주어진 과제에 대하여 집념이다. 그는 또한 영재성을 학업 영재성(schoolhouse giftedness)과 창의적-생산적 영재성(creative-productive giftedness) 유형으로 분류하였다. 학업 영재성은 학교성적이 높은 경우이며, 창의적-생산적 영재성은 예술이나 문학, 연극, 과학 분야 등에서 독창적인 수행을 보이는 경우이다. 학업 영재학생이 반드시 창의적-생산적 영재성을 보이는 것은 아니고, 또한 그 역도 아니다.(Renzulli, 1986)

 Renzulli의 주장은 처음으로 '과제집착력'과 같은 비인지적 요인을 영재성의 한 요소로 포함시켰고, 학업 영재성만 강조할 때 창의적-생산적 영재특성을 보이는 학생이 영재에서 제외될 수 있으므로 영재에 대한 교사의 균형적 시각을 강조하고 있다.

둘째, Marland(1972)의 보고서를 바탕으로 미국 교육부는 영재성을 일반적 지적 능력(general intellectual ability), 특정 교과의 적성(specific academic aptitude), 창의적 또는 생산적 사고(creative or productive thinking), 지도력(leadership ability), 시각 공연예술(visual and performing arts), 심리운동 능력(psychometer ability) 등에서 우수한 능력을 가진 사람으로 정의한다.

미국 교육부(United States of Office of Education, USOE)의 견해는 학생의 현재 성취뿐만 아니라, 잠재능력을 지닌 학생에 대하여 관심을 가져야 함을 강조하고 있다.

셋째, Tannenbaum(1983, 1986)은 충분히 계발된 재능은 성인에게서만 찾아볼 수 있다고 보고, 영재성은 인간의 윤리적, 신체적, 정서적, 사회적, 지적, 심미적 생활에서 새로운 아이디어를 생산해 내는 표상으로서, 또는 결정적으로 존경을 받는 수행자가 될 가능성이라고 말한다. 성인으로서 뛰어난 성취를 하는 데 필요한 특성을 뛰어난 일반지능, 뛰어난 특수 적성, 비인지적 촉진제, 환경의 영향 그리고 기회 또는 행운을 들었다. 이 다섯 요인이 복합적으로 작용할 때에 뛰어난 영재성이 발휘된다고 보았다.

Tannenbaum의 견해는 영재성이란 다양한 차원에서 고려되어야 하고, 특히 잠재능력을 중시하고 있다는 점이 특이하다.

넷째, Feldhusen(1986)은 영재성은 높은 수준의 능력, 자아개념, 동기유발, 창의성 등의 요소가 상호작용을 해야 한다고 본다. 영재는 높은 수준의 능력, 적성 또는 재능이 있어야 하고, 자신의 재능과 성취능력에 대한 만족감을 갖기 위해서 긍정적인 자아개념을 지녀야 한다. 또한 영재가 영재성을 계속해서 유지하기 위해서 동기가 필요하고, 창의성도 영재성의 필수 요소다.

Feldhusen의 견해는 지능이나 창의성 등 인지적인 요소뿐 아니라, 비인지적 요소들이 동시에 고려되어야 한다는 점이 특이하다.

다섯째, Gardner(1983)는 단일지능으로 인간의 다양한 능력을 측정하는데 한계가 있으며, 비교적 독립적인 일곱 가지 다른 능력(언어지능, 논리-수학지능, 공간지능, 음악지능, 신체·운동능력, 대인관계지능, 내성지능)이 존재한다고 주장하였다. 최근에 자연지능이 포함되는데, 영재란 한 분야라도 능력이 뛰어난 사람이다.

Gardner의 주장은 각 지능분야마다 별도의 영재가 존재한다고 함으로써 다양한 영재성이 존재함을 강조하고 있다.

한편, 우리나라의 영재교육진흥법은 영재에 대한 정의를 미국 교육부 견해를 많이 수용하였기 때문에 다소 인지적인 측면이 강조되었지만 다양한 영역에서 창의적이고 도전적인 영재교육이 필요하다는 사실을 강조하고 있다.

우리나라의 영재교육에 대한 관심은 1970년대 말엽부터 교육 전문 연구기관이나 영재교육에 관심을 가진 일부 학자들에 의해서 진행되어 왔으나, 본격적인 영재교육은 1983년도 경기 과학고등학교를 설립하면서부터 특수목적 고등학교인 과학고와 외국어고와 같은 고등학교 수준을 중심으로 진행되어 오다가, 2002년에 들어서 영재교육진흥법 시행령이 공포되면서 다양한 형태로 발전되었다. 예를 들어, 소수 정예를 우선하는 경우는 영재교육의 모델로서 부산 과학고등학교를 과학영재학교로 지정하여 전국단위로 144명을 선발하여 2003년부터 영재교육을 하고 있다. 이 경우는 '제한의 원칙'이 강조된다. 또 하나의 부류로서, 대학부설 교육기관에서 과학영재교육을 하거나 일반학교에서 영재학급을 설치하여 운영되는 것이다. 이 경우는 '포함의 원칙'이 강조된다. 이처럼 다양한 형태의 영재교육이 실시되고 있는 상황에서 우리가 영재교육과 관련하여 자주 거론되는 논쟁 중에 '영재는 누구인가'라는 것은 일률적으로 정의하기는 쉽지 않다고 본다. 앞에서 말한 학자들의 영재의 기준은 학술적인 개념이지 실제적인 개념과는 다소 차이가 있을 수 있다. 따라서 국가 수준에서는 '일반학생을 상회하는 능력이 있는 학생' 또는 '잠재 능력이 뛰어난 학생' 등으로 정의하고 이에 맞추어서 각 영재기관에서는 자체적으로 선정기준을 정하고 있다. 이는 '영재교육 진흥법'에서 잘 나타나고 있는데 영재교육의 목적을 "재능이 뛰어난 사람을 조기에 발굴하여 타고난 잠재력을 계발할 수 있도록 능력과 소질에 맞는 교육을 실시함으로써 개인의 자아실현과 국가 사회의 발전에 기여함을 목적으로 한다."라고 규정하고 있다.

영재교육의 목적은 국가의 발전적 측면에서 소수정예 고급인력을 양성해야 한다는 필요성과 개인적 차원에서 개인의 역량에 맡기는 교육기회 제공이라는 측면이라고 말할 수 있다. 그러나 두 가지 목적을 모두 실현하기는 쉽지 않다. 따라서 어느 쪽에 우선순위를 두느냐에 따라서 영재교육의 방향은 다소 달라질 수 있다. 과학 고등학교와 외국어 고등학교 등 특수목적 고등학교는 교육 여건상 아직까지 공교육의 틀 속에서 두 가지 방향에서 조화를 이루면서 영재교육을 실시하고 있다고 보인다. 특수목적 고등학생들은 주로 국가 단위 연합학력평가에서 상위 3% 이내의 학생들이다. 또한 특수목적 고등학교 입학준거가 교사의 추천, 내신성적, 특정 교과의 가산점, 경시대회 그리고 입학시험 등 다양한 과정을 통해서 이루어지고 있다. 즉 높은 인지적 능력을 지닌 학업영재일 뿐만 아니라 잠재력이 높은 학생들이라고 볼 수 있다. 또한 나동진, 김진철(2004)은 Sternberg의 분석적 지능, 창의적 지능, 실제적 지능 등 모든 삼원지능의 하위변인에서 과학고 학생이 일반학생보다 통계적으로 의의가 있게 높음을 밝혔다. 이상과 같은 근거로 본 연구에서는 과학고와 외국어 고등학생을 중심으로 이루어진 특수목적고 학생들을 영재집단으로 규정하였다.

위와 같이 영재학자들이 주장하는 영재성의 주요 견해들을 정리하여 비교하면 아래 <표 II-3>과 같다. <표 II-3>을 보면, 아직까지 영재학자들 간에도 영재성에 대한 명확한 합의가 없이 영재성의 포함요소나 능력의 범위가 다양하고 광범위하다. 다만, 영재성은 대체로 뛰어난 지적능력을 모두 강조하고 있으며, 최근 들어서 영재성에 비인지적 요소 등도 포함되어 정의되고 있음을 알 수 있다. 예컨대, 비인지적 촉진제(Tannenbaum, 1986), 성취동기와 긍정적 자아개념(Feldhusen, 1986) 등이 여기에 해당한다.

〈표 II-3〉 영재성의 포함요소 비교

학자	지적 능력	학업	창의성	리더십	집착력	자아개념	동기
Renzulli	○		○				○
Marland	○	○	○	○			
Tannenbaum	○						
Feldhusen	○			○	○	○	
Gardner			○				

(출처: 한국의 새천년을 위한 영재교육학, 전경원, 2003, p.139.)

한편, 최근에 영재성의 본질에 대하여 Sternberg(1985, 1986, 1996)는 심층적으로 고찰하고 있다. 그는 영재성을 그의 삼원지능 이론에 근거하여 분석적 영재성(analytical giftedness), 창의적 영재성(creative giftedness), 실제적 영재성(practical giftedness)으로 분류한다. 분석적 영재성은 높은 지능점수와 학업성취를 보이고, 창의적 영재성은 통찰력을 지닌 학생들이 새로운 상황에 대한 적응과정에서 잘 표출되며, 실제적 영재성은 지적 행동을 실제 환경에 의도적으로 적응하고, 자신에게 적절한 환경을 선택하며, 이를 조성하는 능력이 우수한 경우를 말한다. 영재성은 이 세 가지 능력이 조화를 이룬 상태를 말하며, 1996년에 이 세 가지 능력을 중심으로 성공지능이라고 명명하면서 대중적 접근을 시도하였다. 영재성과 관련하여, Sternberg(2000)는 일곱 가지로 넓혀서 다양한 형태의 영재 유형이 존재함을 밝혔다. 다양한 영재성은 세 가지 영재성이 상호작용을 하면서 중첩된다. 예를 들어, A형은 학문적 환경에서 다른 능력의 유형보다 뛰어난 경우다. C형은 쉽게 아이디어들을 창출하지만 전체적으로 아이디어를 분석할 수 없거나 실제화하지는 못한다. P형은 분석적, 창의적 기술이 결여되어 있지만, 설득적이고 종종 남들을 유쾌하게 할 줄 안다. AC형은 특이한 아이디어를 생성해 낼 뿐만 아니라 이런 아이디어의 가치를 평가한다. AP형은 실제, 분석적 지능이 있으나 창의적이지 못한 경우다. CP형은 창의, 실제적인 능력은 강하지만 분석적 능력에선 뒤처진다. CB형은 분석, 창의, 실제적 능력을 발달시킬 수 있는 훌륭한 영재성을 가지고 있다.(Sternberg, 2000) 이러한 내용을 도식화하면 아래 [그림 Ⅱ-1]과 같다. 그러나 분석지능 외의 다른 지능에 대해서 아직까지 현대 지능학자들 사이에 많은 논쟁이 있다.(Brody, 2003, Jensen, 1993, Ree & Earles, 1993, Schmidt & Hunter, 1993) 대표적인 논쟁은 세 능력 간에 중첩이 되며, 성취에 대한 창의지능과 실제지능의 설명력이 없다고 지적하였다. 또한 실제지능은 지능이 아니라고 주장한다.(Gottfredson, 2003) 따라서 창의적 지능과 실제적 지능에 대하여 아직까지 학자들 간에 치열한 논쟁이 진행되고 있으며, g 중심이론가들의 비판과 논쟁의 대상에서 제외된 것은 분석지능으로, 이는 학업적성 또는 IQ 개념과 가장 유사하다.

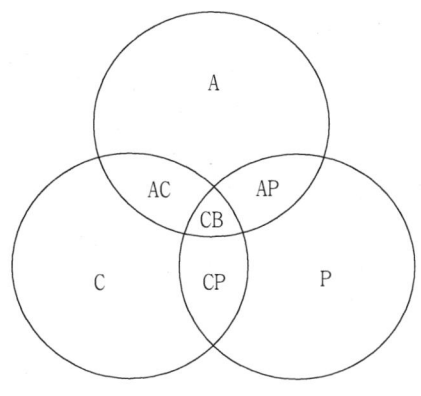

A : Analyzer
   (분석자)
C : Creator
   (창조자)
P : Practitioner
   (실제자)
AC : Analytic Creator
   (분석적 창조자)
AP : Analytic Practitioner
   (분석적 실제자)
CP : Creative Practitioner
   (창조적 실제자)
CB : Consummate Balancer
   (완벽한 균형자)

[그림 II-1] Sternberg의 영재성 유형

Sternberg(1999)는 '전문성 발달(intelligence as developing expertise)' 모델을 기초로 하여 [그림 II-2]와 같이 영재성을 이해하고자 한다. 그는 전문성 발달에는 다음과 같은 요소들이 중요한 기능을 한다고 보았다. 첫째, 초인지 기능(meta-cognitive skills)은 자신의 인지에 대한 이해(self-awareness)와 조절(self-regulation)로서 중요한 요소이다. 둘째, 학습기능(learning skills)이다. 이것은 관련 정보만을 선택하는 선택적 부호화(selective encoding), 통합 정보를 생성하기 위해 관련 정보를 결합하는 선택적 결합(selective combination), 그리고 새로운 정보와 저장된 정보를 연관시키는 선택적 비교(selective comparison)가 있다. 셋째, 사고기능(thinking skills)이다. 비판적(critical) 사고기능은 분석, 비판, 판단, 평가, 비교, 대조하는 것이며, 창의적(creative) 사고기능은 창조, 발견, 발명, 상상, 가정, 등이며, 실제적(practical) 사고기능은 적용, 사용, 활용, 실행을 말한다. 넷째, 지식(knowledge)이다. 지식은 선언적(declarative) 지식과 절차적(knowing how) 지식이 있다. 특히, 영재성이 발달되는 데 절차적 지식이 매우 중요하다. 다섯째, 동기(motivation)다. 영재성 발달을 위해서 성취동기가 필요하며, 또한 어려운 과제를 해결하기 위해서는 자기 효능감이 요구된다.(Amabile, 1996, Sternberg & Lubart, 1996) [그림 Ⅱ-2]를 보면 영재성을 획득하는 과정에서 다양한 요소들이 상호작용(interaction of elements)한다는 것을 알 수 있다. 동기는 인지기능을 추동하고, 인지기능은 학습과 사고기능을 활성화시키며, 학습과 사고기능은 인지기능에 피드백을 제공한다. 이 과정에서 개인의 전문성은 증가한다. 사고기능과 학습기능의 확장되면서 선언적, 절차적 지식이 효과적으로 사용하게 된다. Sternberg의 전문성 발달 모형에 근거한다면 영재성은 다음과 같은 특징들을 갖고 있다.

첫째, 영재성을 선천적인 단일능력 요인이라는 주장(Gallagher & Courtright, 1986, Humphreys, 1986)에서 탈피하여 설명하였다. 둘째, 다양한 영역에서 영재성이 존재하고, 능력 유형에 맞는 영재교육이 필요하다는 점을 시사해 준다. 셋째, Sternberg는 최근에 지식기반 접근을 도입해 지능을 '발달하는 전문성'으로 이론화하는 과정에서 능력보다는 지능, '분석적'보다 '학업적' 용어를 사용하였다. 또한 학업 지능은 선언적이고, 불활성의, 추상적이며 형식적인 학업지식을 쉽게 습득하는 것과 관련이 있으며, 실제적 지능은 절차적, 행위 지향적, 영역-특수적인 암묵적 지식을 쉽게 습득하는 것과 관련된다.(하대현, 2004) 끝으로, 대다수 학자들은 주로 한 가지 영역에서의 재능을 강조하지만 Sternberg는 인생 성공의 관점에서 인지와 비인지 등 다양한 요소들의 상호작용과 조화를 강조하고 있는 점이 독특하다.

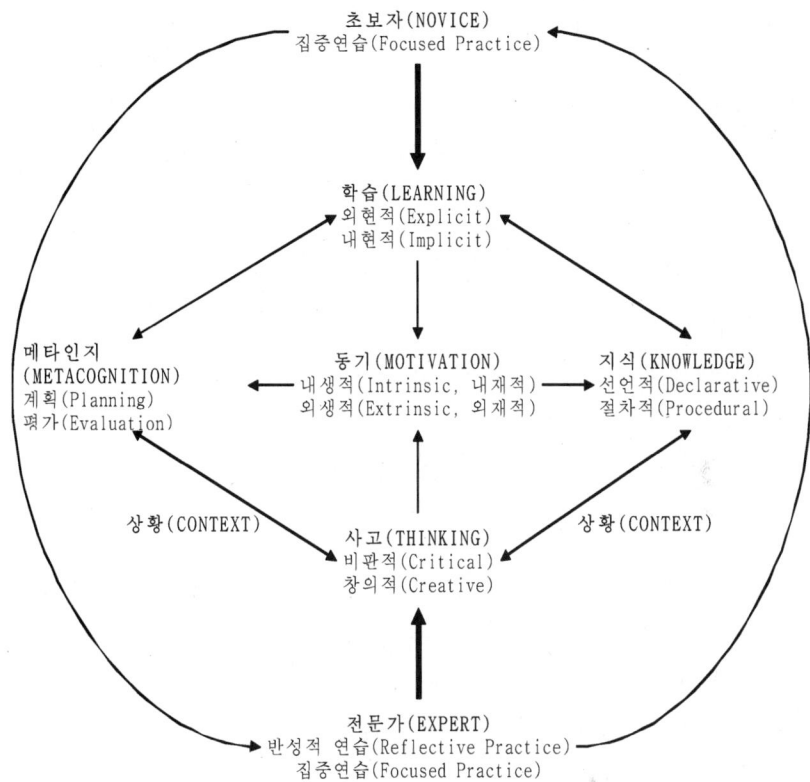

초보자(NOVICE)
집중연습(Focused Practice)

학습(LEARNING)
외현적(Explicit)
내현적(Implicit)

메타인지
(METACOGNITION)
계획(Planning)
평가(Evaluation)

동기(MOTIVATION)
내생적(Intrinsic, 내재적)
외생적(Extrinsic, 외재적)

지식(KNOWLEDGE)
선언적(Declarative)
절차적(Procedural)

상황(CONTEXT)

사고(THINKING)
비판적(Critical)
창의적(Creative)

상황(CONTEXT)

전문가(EXPERT)
반성적 연습(Reflective Practice)
집중연습(Focused Practice)

(출처: Handbook of Creativity, Sternberg, 1999, p.362)

[그림 II-2] 전문성의 발달 모델

Sternberg는 성공지능(Successful Intelligence) 이론(1996)에서 분석, 창의, 실제적 능력들 사이의 균형이 이루어지면 자신의 강점을 인식하고 활용하며 약점을 개선하고 보완함으로써 환경에 적응, 선택, 조성하여 사회 문화적 맥락과 개인의 기준 내에서 성공을 달성한다는 것이다. 하지만 Sternberg(1994b, 1995, 1997a)는 개인의 지능이 발현되는 것은 개인이 선호하는 사고양식에 따라 달라진다고 하였다. 앞

에서 말한 환경에 적응하고 선택하며 조성하는 것도 곧 개인의 사고
양식 프로파일 결과로 보았다.

따라서 Sternberg의 영재성의 정의를 완전하게 이해하기 위해서는
인지와 비인지적 요소를 동시에 포함하고 있는 사고양식의 구인에
대한 인식이 필수적이라고 볼 수 있다.

2) 영재와 일반학생의 사고양식의 차이

Sternberg(1988, 1990, 1994a 1994b, 1995, 1997a)에 의하면 사고양
식은 능력이라기보다는 자신의 생각을 표현하거나 능력을 이용하는 데
있어서 개인이 선호하는 방법을 말한다. 특히, "인지기능의 다양한 스
타일들은 어디에서 비롯되는가?"라는 질문에 대하여 Sternberg(1988,
1997a)는 각 문화권 내의 보상체계와 스타일의 사회화 가능성을 강
조하면서 사고양식의 발달에 영향을 미치는 변인들로 문화, 성, 연
령, 부모의 양육방식, 학교교육과 직업 등을 제안하였다. 그러나 전
세계의 학교교육은 대체로 행정, 지엽, 보수적 사고양식을 강조하며
그런 성향을 보이는 학생들이 우수하다고 인정하였다. 즉 학교에서
좋아하는 사고양식을 실천해야 보상이 이루어지기 때문에 학생들은
자신의 사고양식을 학교가 원하는 방향으로 발달시키려고 한다는 점
을 지적하였다. 이와 관련하여, 나동진, 김진철(2003a, 2003b, 2004),
한기순, 배미란(2004), 윤소정 외(2003), Dai와 Feldhusen(1999)의 연
구 등은 사고양식이 학교문화의 영향을 받는다는 점을 잘 반영하고
있다. 나동진, 김진철(2003a, 2003b, 2004)은 과학영재가 일반학생보
다 입법, 행정, 사법, 군주, 계급, 전체, 내부, 진보적 사고양식에서

높았고, 과두, 무정부, 보수적 사고양식은 일반학생이 높았으며, 두 집단 간의 사고양식의 차이는 지능을 통제한 이후에도 행정, 사법, 과두, 무정부, 내부, 그리고 보수적 사고양식에서도 차이가 있음을 밝혔다. 윤소정 외(2003)는 영재들은 입법, 행정, 사법, 전체, 진보, 보수, 위계, 내부적 사고양식에서 일반학생보다 높고, 일반학생이 과두적 사고양식에서 영재보다 높았다고 보고했다. 한기순, 배미란(2004)은 중학생 영재를 대상으로 영재가 일반집단에 비해서 보수주의적 사고양식만을 제외하고는 모든 부분의 사고양식에서 높다는 사실을 밝혔다. Dai와 Feldhusen(1999)은 미국 고교 영재들이 입법, 진보, 사법적 사고양식을 선호함을 밝혔다. 한편, Dia와 Feldhusen(1999)은 영재에 대한 사회적인 역할기대 때문에 영재가 선호하는 독특한 스타일이 존재한다고 하였다.

이상과 같은 선행연구들을 통해서 볼 때, 영재집단은 일반학생과는 달리 단순한 지능 이외의 다른 사회 문화적 요인에 의해 영향을 받는 독특한 사고양식이 존재한다고 보인다. 다만, 두 집단 간 창의성과 관련된 사고양식의 차이를 알아보아야 할 것이다. 이것은 창의적인 교육이 이루어지기 위해서는 창의성과 관련되는 사고양식을 권장하는 교육환경이 중요하고, 창의성과 관련된 사고양식에 맞는 교수처치와 과제상황에 맞는 사고양식의 개발이 가능하다는 점에서 시사하는 바가 매우 크다. 이와 관련하여, Zhang(2000a)은 학습에서 피상적인(surface) 접근을 시도하는 학습자들의 사고양식은 행정, 지엽, 보수적인 사고양식을 보이면서 단순한 접근을 사용하였고, 반면에 심층적인(deep) 접근을 사용하는 학습자들은 입법, 사법, 진보적 사고양식 등 복잡하고 창의성과 관련된 사고양식을 선호함을 밝혔다. 또한 윤미선(1998)은 Runco, Plucker와 Lim(2000) 등이 개발한 창의성 검사도구(Runco's Ideational Behavior Scale) 점수와 입법, 사법, 진보적 사고양식과 유의한 상관이 있음을 밝혔고, 한기순과 배미란 (2004)도 영재는 진보적 사고양식과 독창성이 유의한 상관이 있었고, 일반학생은 입법적 사고양식과 독창성 점수, 진보적 사고양식과 유창성과 융통성 점수 간에 유의한 상관을 보여주었다. 이런 결과들은 사고양식의 일부 하위요인들이 어느 정도 창의성에 대한 예언자료로 기능을 하고 있음을 말해 준다.

한편, 영재성의 유형을 Renzulli(1986)는 학교 영재성과 창의적-생산적 영재성으로 구분하였고, Simonton(1996)은 표준적 전문가와 창의적 전문가로 분류하였다. 이들의 견해와 사고양식을 관련시켜 볼 때, 전통적인 접근(예: 행정, 보수)은 '학교 영재성'이나 '표준적 전문가'와 관련이 되고, 창의적 사고양식(예: 입법)은 '창의적-생산적 영재성'이나 '창의적 전문가'와 연관이 된다고 보인다. 특히, Sternberg (1997a)는 고등학교 영재교육이 전통적인 접근을 많이 취한다고 지적하였다. 따라서 학교에서의 수월성과 실생활에서의 창의적 성취와 생산적 성취 사이의 차이를 줄이기 위해서는 교사가 효과적인 교육과정과 적절한 평가를 통해 창의적 사고양식을 장려해야한다. 교사는 영재의 사고양식 개인차를 알게 될 경우, 학생의 바람직한 개인적 특질이나 성향을 기르는 데 도움을 얻을 수 있다. 예컨대, 보수적 사고양식의 영재학생은 애매모호한 과제상황을 싫어하며, 창의적 사고양식의 영재학생은 반복적이고 일상적인 활동을 싫어할 수 있다. 특히, 영재교육은 단순한 지식의 암기에서 벗어나 창의적인 학생을 양성하기 위해서는 학교 환경이 입법, 사법, 전체, 위계, 그리고 진보적 사고양식을 장려하는 학교환경의 조성이 필요하다. 이와 관련하여, Dai와 Feldhusen(1999)은 절대적인 의미에서 좋거나 나쁜 사고양식이 있는 것은 아니지만 추구해야 할 사고양식이 가치가 없는 것은 더욱 아니다. 예컨대, 우리가 영재학생들로 하여금 좀 더 창의적이고 비평적인 사고자가 되기를 바라기 때문에 영재들이 행정 또는 보수적 사고양식보다는 입법, 진보, 또는 사법적 사고양식을 선호하기를 기대하는 것이다.

3) 사고양식과 학업성취의 관계

지금까지 영재의 성취에 대한 논의는 주로 지적 특성을 중심으로 이루어져 왔다. 예컨대, 영재의 학업성취와 지능은 높은 상관관계가 있다고 하고(Benbow & Arjmand, 1990, Sattler, 2001, Sieglen & Trost, 1995), Tannenbaum(1983)은 유의한 상관이 없다고 하였다. 즉 지적 특성과 성취의 관계는 일관적이지 못하다.

하지만 최근에는 자아개념, 동기, 자신의 이해 능력, 자기효능감 등 정의적 특성이 성취에 많은 영향을 미치고 있다고 보고되고 있다.(Dweck & Elliott, 1983, Gottfried & Gottfried 1996, Lens & Rand, 2000, Marsh, 1993) 이와 관련하여, Sternberg(1988, 1990, 1994a, 1994b, 1997a)는 사고양식으로 성취에 대한 예언을 설명하고 있다. 사고양식 개념은 그 자체가 인지적인 것은 아니지만 사고양식을 활용하는 다양한 방법과 효과성 및 선택이 최소한 성취에 영향을 준다고 하였다. Grigorenko와 Sternberg(1997)는 예일대학교 여름학기 심리학 프로그램을 수강한 199명의 영재 고등학생(여: 146명, 남: 53명)을 대상으로 사고양식과 학업성취와의 관계 연구를 통해서 입법, 사법, 위계, 진보적 사고양식이 성취준거들과 유의한 상관이 있었고, 행정적 사고양식은 부적 상관이 있음을 밝혔다. 그리고 그의 삼원지능(분석능력, 창의능력, 실제능력)과 함께 단계적 회귀분석을 한 결과, 성취에 대한 설명력을 증가시킨 사고양식(예: 입법, 행정, 사법, 진보적 사고양식)이 존재함으로써 학업성취의 예언변인이 될 수 있음이 입증되었다. 특히, 사법적 사고양식은 모든 학업성취의 준거들의 설명력을 증가시켰다.

국내에서도 학업성취에 관련한 사고양식의 연구가 있었다. 윤미선(1997)은 서울시내 일반 고등학생을 대상으로 지능과 동기만으로 구성된 회귀 모델에 13가지 스타일을 단계별 투입방법으로 중다회귀분석을 한 결과, 사법, 전체, 지엽, 위계, 그리고 과두적 사고양식을 투입한 모델에서 전체 설명량에 통계적으로 유의한 증가가 있음을 확인하였다. 김소연(2000)은 서울시내 고등학생을 대상으로 지능 구인과 함께 성취를 고려할 경우에도 성취에 대한 설명력을 유의하게 증가시키는 데 기여하는 사고양식이 존재하는가를 확인한 결과, 행정, 위계, 진보적 사고양식이 통계적으로 성취와 관련이 있음을 밝혔다. 특히, 행정적 사고양식이 성취에 대한 설명력이 매우 높았다. 나동진과 김진철(2003b, 2004)은 영재의 성취와 관련하여, 김소연의 연구와 동일한 결과로서, 행정적 사고양식이 가장 강력한 예언변인이고 사법, 위계, 내부적 사고양식이 총점과 정적 상관이 있으며, 군주, 과두, 그리고 외부적 사고양식은 성취와 부적 상관이 있음을 밝혔다. 또한 지능이 성취를 설명함에 있어서 사고양식은 매개변인이 될 수 있음을 밝혔다.

최근 들어, 윤미선과 김성일(2004a, 2004b)은 사고양식의 지나친 다면적 접근이 교육현장에서 학생의 성취를 이해하거나 개인차 진단에서 실제적 유용성을 제한한다고 보고, 성취의 예측변인으로서 분석(사법), 전체, 그리고 위계적 사고양식으로 축소하여 실용적이고 간편하게 사용할 수 있는 가능성을 확인하였다. 사고양식의 프로파일 접근이 학습자의 성취를 설명함에 있어서 다양한 정보를 제공하였다. 또한 학업성취에 대한 사고양식의 일부 직접효과와 간접효과가 검증했는데, 특히, 중학생보다는 고등학생에서 더 의의가 있는 결과가 있었다. 즉 고등학교 학습상황에서 더욱 다양한 사고양식 개념의 활용이 가능하며, 교과특성에 적합한 사고양식이 존재한다고 시사해 주었다. 그럼에도 불구하고 사고양식이 지능과 성격의 연계점이라는 점에서 어느 정도 지능과 중첩된다고 볼 때, 순수하게 성취와 관련이 있는 사고양식이 무엇인가를 밝혀야 할 것이다. 더구나 기존 연구들은 주로 일반학생을 대상으로 했기 때문에 영재성과 함께 고려하여 성취와 관계가 있는 스타일을 탐색할 필요가 있다. 또한 Sternberg(1997a)와 하대현(2003)이 지적했듯이, 사고양식이 영역-특수성으로 해석된다고 볼 때, 집단과 사고양식의 수준에 따라서 성취는 달리 나타날 수 있을 것이다. 즉 능력에 따라서 사고양식의 시너지 효과가 다르게 발현될 수 있기 때문이 이에 대한 검증이 필요하다.

끝으로, 성취와 관련하여 영재성이 높으면 성취가 높다는 일반적 사실에 사고양식이 매개로 하여 간접적인 효과가 있는가를 알아보아야 할 것이다. 이것은 사고양식 그 자체가 바로 지적 기능을 발휘하는 것은 아닐지라도 학습과 관련된 변인들에 의해서 영향을 미친다는 Sternberg(1988, 1997a)의 주장을 입증하는 것이다.

지금까지 사고양식의 학업성취에 대한 설명을 통해서 볼 때, 학생들의 적성이나 성취의 중요한 차이가 인지 영역에만 국한되는 것이 아니라, 많은 부분에서 비인지적 영역에서도 개인차가 존재한다는 사실을 엿볼 수 있다. 이런 면에서 지능과 성격을 매개하는 구인으로서 사고양식은 학생의 성취를 좀 더 심층적으로 이해하는 데 도움이 될 수 있음을 알 수 있다. 따라서 영재교육 담당교사는 학생의 능력에 대한 다양성뿐만 아니라, 학생의 사고양식의 다양성을 함께 고려해야 할 것이다. 사고양식 구인은 학습과정에서 보다 유용하고 포괄적인 모형을 개발함에 있어서 기초적인 자료로 활용될 수 있기 때문이다.

4) 영재성과 사고양식의 상승효과

영재교육과 사고양식에 관한 일련의 연구들도 영재와 일반학생의 사고양식의 차이를 확인하는 근거가 될 수 있다.

Sternberg와 Grigorenko(1993)는 속진과 심화에서부터 협동학습에 이르는 문제까지 포함하여 영재교육에 대한 사고양식의 함의를 논의했다. 초기연구들은 사고양식에 대한 이론적, 실제적 중요성을 보여준다.(Grigorenko & Sternberg, 1997, Sternberg & Grigorenko, 1995) 예컨대, 교사들은 그들의 사고양식과 부합되는 학생들을 더 호의적으로 평가하고, 중등교사들은 초등교사들보다 사법적 사고양식을 더 강하게 선호한다는 것이다. 국내에서도 영재의 사고양식에 대한 연구들이 소수 학자들에 의해서 검증되고 있다. 우선, 고등학교 수준의 국내 영재는 입법, 사법, 행정, 전체, 진보, 보수, 위계, 내부적 사고양식을 선호하였다.(나동진, 김진철, 2003a, 2003b, 2004, 윤소정 외, 2003) 또한 나동진과 김진철(2004)은 영재성취에서 행정적 사고양식이 가장 강력한 예언변인이며, 삼원지능과 사고양식이 연합하여 영재성취에 직·간접적인 영향이 있음을 밝혔다. 이처럼 영재의 성취에 대한 사고양식의 선행연구들을 볼 때, 사고양식을 고려한 영재교육은 영재의 지적 능력에 대한 장점을 최대로 발휘할 수 있게 한다.(Zhang & Sternberg, 2000) 이것은 효율적인 영재교육을 위해서 사고양식이 고려되어야 함을 의미한다. 사고양식은 과제, 능력이 조화를 이룰 때 시너지 효과가 나타나기 때문이다. Sternberg(1994a)는 기존의 스타일 연구들이 학생의 학습 스타일이나 교사들의 교수 스타일 중 하나에만 초점을 맞추고 있다고 지적하면서 많은 연구들을 통해서 학생들의 사고양식에 적합한 교수방법과 평가방법을 <표 Ⅱ-4>, <표 Ⅱ-5>와 같이 제시하였다. <표 Ⅱ-4>, <표 Ⅱ-5>처럼, Sternberg는 교사가 학생의 사고양식에 맞는 교수처치를 해야 한다고 주장하였다. 예를 들어, 속진과정은 행정적 사고양식을 선호하는 학생에게 적절하고, 심화과정은 입법적 사고양식을 선호하는 학생에게 적합할 수 있다. 또한 선다형 문항은 행정, 사법적 사고양식의 학생에게 적합하고, 포트폴리오와 같은 수행평가는 입법적 사고양식 학생에게 적절할 수 있다는 것이다. 이 밖에도 Sternberg(1994a)는 사고양식과 관계되는 언어형태를 제시하였다. 예컨대, 행정적 사고양식은 '누가 했나?', '무엇을 했나?' 등과 같고, 사법적 사고양식은 '너의 판단으로는……' 등과 같으며, 입법적 사고양식은 '어떻게 하면?' 등이다. 이와 같은 것들은 학생의 사고양식과 교사의 사고양식은 매우 다양하며, 교사와 학생 간의 사고양식의 일치 여부가 학생에 대한 평가에 영향을 미치고 있다는 점에서 근거하였다. 따라서 효율적인 영재교육이 전개되기 위해서는 영재의 다양한 사고양식이 고려되어야 한다. Sternberg가 영재의 사고양식에 적합한 다양한 교수처치를 제안한 것은 적성-처치 상호작용(ATI)의 한 예로서 교육적 활용 측면에서 중요한 의의를 제공하는 것이다.(하대현, 2004)

한편, 앞에서 언급했던 사고양식 구인과 학업성취에 대한 선행연구들(Grigorenko & Sternberg, 1997, 윤미선, 1997, 김소연, 2000, 나동진과 김진철, 2003b, 2004)을 볼 때, 사고양식은 비록 순수한 인지적인 특성을 지니지 않았다고 할지라도 성취에 영향을 준다는 사실이 밝혀졌다. 그러나 연구대상에 따라서 성취에 영향을 주는 사고양식의 하위변인들은 다소 차이가 있음을 알 수 있다. 예컨대, Grigorenko와 Sternberg(1997)와 나동진과 김진철(2003b, 2004)의 연구는 미국과 한국의 고등학교 영재를 대상으로 한 연구이며, 윤미선(1997)과 김소연(2000)은 우리나라의 일반 고등학생을 대상으로 한 것이다. 따라서 성취와 관련하여 영재를 보다 심층적으로 이해하기 위해서는 사고양식과 성취와의 관계구조가 일반학생에 비해서 어떤 양상을 보이는가를 탐색해 볼 필요가 있다.

이것은 사고양식이 학생들의 개인차를 나타내는 특성이 되기 때문에 그들의 문제해결 능력의 이해와 촉진 및 교수-학습과정의 상호작용 효과를 증진하는 데 적용될 수 있는 구인이 될 수 있기 때문이다.

〈표 II-4〉 사고양식과 적합한 교수방법

교수방법	적합한 사고양식
강의법	행정, 위계적
사고에 의한 질문법	분석(사법), 입법적
협동학습	외부적
주어진 문제해결법	행정적
프로젝트 방법	입법적
소집단 상술(詳述)법	외부적, 행정적
소집단 토론법	외부적, 분석(사법)적
읽기법	내부적, 위계적
세부사항 읽기	지엽적, 행정적
중요개념 읽기	전체적, 행정적
분석적 읽기	사법적
암기법	행정적, 지엽적, 보수적

(출처: 사고양식에 따른 학습동기 및 교과흥미가 학업 성취에 미치는 영향, 윤미선, 2003, p.20.)

〈표 II−5〉 사고양식과 적합한 교육평가방법

평가형식	주요 기술	적합한 사고양식
단답형	암기	행정적, 지엽적
	분석	사법적, 지엽적
선다형	시간 배분	위계적
	독립적 수행	내부적
논술형	암기	행정적, 지엽적
	거시적 분석	사법적, 전체적
	미시적 분석	사법적, 지엽적
	창의성	입법적
	구조화	위계적
	시간 배당	위계적
	교사 견해 수용	보수적
	독립적 수행	내부적
프로젝트형	분석	사법적
	창의성	입법적
	공동 작업	외부적
	독립적 수행	내부적
수행평가형	구조화	위계적
	높은 참여	군주적
면접형	사교성	외부적

(출처: 사고양식에 따른 학습동기 및 교과흥미가 학업 성취에 미치는 영향, 윤미선, 2003, p.20.)

제 **3** 부

연구가설

본 연구에서 기대하는 가설과 그에 대한 근거는 다음과 같다.

가설 I : 영재학생과 일반학생 간에 사고양식의 차이가 있을 것이다.

가설 I 은 영재와 일반학생 간에 Sternberg의 정신자치제 이론에 입각한 사고양식의 하위변인에서 차이가 있을 뿐만 아니라, Zhang 등이 제기한 Type I 과 Type II 에서도 차이가 있을 것이라는 것이다. 이 가설의 가장 중요한 근거는 사고양식이 사회화 과정을 통해 형성된다는 주장과 그와 관련된 실증적 연구들이다.(한기순, 배미란, 2004, Bernardo, Zhang & Callueng, 2002, Dai & Feldhusen, 1999, Sternberg, 1994a, 1988, 1997a, Sternberg & Grigorenko, 1997, Zhang, 2001a, Zhang & Sternberg, 2000) 특히 이러한 연구들 가운데는 영재학생과 일반학생의 사고양식의 차이를 직접 검증한 연구들도 있다.(나동진, 김진철, 2003b, 2004, 윤소정 외, 2003, Dai & Feldhusen, 1999)

한편, Type I 과 Type II 에서 영재학생과 일반학생 간에 차이가 있을 것이라는 가설은 특히 Zhang과 그녀의 동료들(Zhang, 2000a, 2001a, 2002a, 2002b, Zhang & Huang, 2001, Zhang & Postiglione,

2001, Zhang & Sternberg, 2000)의 연구에 근거를 두고 있다. 그들은 이 연구들에서 창의성을 이끌어내는 사고양식이 존재함을 밝혔다. 이것은 영재와 일반학생 간에 창의성과 관련된 사고양식, 즉 TypeⅠ에서 차이가 있을 것이라는 가설의 근거가 된다. 우리나라에서도 영재와 일반학생 사이에 창의성과 관련된 사고양식에서 차이가 있다는 연구결과가 보고되었다.(윤미선, 1998, 한기순, 배미란, 2004) 또한 Zhang(2000a)은 피상적인 접근을 시도하는 학습자들은 행정, 지엽, 보수적 사고양식을 선호하지만, 심도 있는 접근을 사용하는 학습자들은 입법, 사법, 진보적 사고양식 등 복잡하고 창의성과 관련된 사고양식을 가지고 있음을 밝혔다. 앞에서 언급된 연구가설이 수용된다면 영재집단과 일반학생 간의 판별의 양상을 파악할 수 있을 것이다. 즉 사고양식에 대한 위와 같은 선행연구와 특성을 볼 때, 영재집단과 일반학생 간의 판별에 영향을 이끄는 사고양식이 존재할 것으로 보인다.

가설Ⅱ : 사고양식과 학업성취는 관계가 있을 것이다.

가설Ⅱ는 사고양식이 순수한 인지적인 구인은 아니지만 이를 활용하는 다양한 선택이 능력과 성격에 의해서 어느 정도 영향을 받는만큼 학업성취에도 영향을 준다.(Sternberg, 1988, 1997a) 관련 연구로서 Grigorenko와 Sternberg(1997)는 단계적 회귀분석법으로 입법, 행정, 사법, 진보적 사고양식이 학업성취에 대한 설명력을 증가시킨다고 하였다. 윤미선(1997)은 서울시내 일반고 학생을 대상으로 분석, 전체, 지엽, 위계, 과두적 사고양식이 학업성취를 설명하는 데 유의한 변인임을 확인하였고, 김소연(2000)은 행정적 사고양식이 일반

고등학생의 학업성취의 예측변인임을 검증하였으며, 나동진, 김진철 (2003a, 2003b, 2004)은 과학영재를 대상으로 행정, 사법, 과두, 내부, 입법적 사고양식 등이 학업성취의 예측에 기여하는 변인임을 밝혔다. 이처럼 연구대상에 따라서 학업성취와 관련을 보이는 사고양식의 하위변인이 다소 차이가 있었다. 기존의 선행연구를 볼 때, 영재학생과 일반학생을 포함하여 학업성취와 입법, 행정, 사법, 위계, 전체, 내부적 사고양식이 긍정적인 관계가 있을 것으로 보인다. 한편, 사고양식 구인이 지능과 성격의 접점이라고 할 때, 사고양식은 지능과 어느 정도 중첩관계라고 볼 수 있다. 따라서 지능을 통제한 후에는 사고양식과 학업성취의 양상이 통제전과 달라질 것이다.

가설Ⅲ: 사고양식과 학업성취의 관계에서 영재학생과 일반학생 간에 차이가 있을 것이다.

가설Ⅲ은 사고양식과 학업성취의 관계에 대한 구조적 차이가 영재집단과 일반학생 간에 있을 것으로 본다. 우선, 영재성과 사고양식이 학업성취에 대하여 상호작용 효과가 있을 것이라는 것이다. 이와 같은 상호작용 효과는 사고양식과 학업성취의 관계에 있어서 영재학생과 일반학생 집단 간의 차이로도 표현할 수 있다. 이 가설의 근거는 사고양식이 최근 들어서 영역-특수성으로 해석됨(하대현, 2003, Sternberg, 1997a)에 따라서 집단과 사고양식의 수준에 따라서 성취가 달리 나타날 수 있다. 또한 이들의 관계구조에 대한 근거는 앞에서 제시했던 선행연구들(Grigorenko & Sternberg, 1997, 윤미선, 1997, 김소연, 나동진과 김진철, 2003b, 2004)에서 찾아볼 수 있다. 사고양식은 비록 순수한 인지적인 특성을 지니지 않았다고 할지라도 학업성취에 영향을 주지만 연구대상에 따라서 학업성취에 영향을 주는 사고양식의 하위변인들은 다소 차이가 있음을 알 수 있다. 즉 영재집단과 일반학생의 학업성취에 있어서 사고양식은 성취 영역에 따라서 다르게 영향을 미칠 수 있다. 영재 대상(Grigorenko & Sternberg, 1997, 나동진과 김진철, 2003b, 2004)과 일반학생 대상(윤미선, 1997, 김소연, 2000)의 선행연구를 근거로 볼 때, 영재집단과 일반학생 간에도 사고양식과 학업성취 간의 구조적 차이가 있을 것으로 보인다.

제 **4** 부

연구방법

1. 연구대상

본 연구의 대상은 6개 고등학교 2학년 총 277명의 학생들이다. 영재집단은 총 147명(남 74, 여 73)으로서 호남지역과 수도권의 과학고 2개교에서 76명(남 42명, 여 34명)과 수도권 지역의 외국어고 2개교에서 71명(남 32명, 여 39명)을 표집하였다. 일반학생 집단은 호남지역 J시 일반고교 인문계열 2개 고등학교에서 총 130명(남 69명, 여 61명)을 표집하였다. 이들은 중학교의 내신성적과 고입 선발고사에 합격한 후, 본인의 희망(20%)과 추첨(80%)으로 선발되었다. 즉 학습능력이 보통 이상이라고 말할 수 있다. 일반 고등학교 2명의 성적자료가 확인되지 않아서 이를 제외하고 총 275명(영재 147명, 일반 128명)의 자료가 최종적으로 분석되었다. 연구 대상자의 기초자료는 아래 <표 Ⅳ-1>과 같다.

〈표 Ⅳ-1〉 연구대상자의 기초통계

집단	영역	표집학교	지역	사례 수		소계(%)	총계(%)
영재	과학고	I 과학고교	수도권	39	76	147 (53.45)	275 (100)
		J 과학고교	호 남	37			
	외국어고	D 외국어고	수도권	32	71		
		S 외국어고	수도권	39			
일반	인문계열	H 고등학교	호 남	69		128 (46.55)	
		J 고등학교	호 남	59			

2. 측정도구

본 연구에서 사용된 측정도구는 지능검사와 사고양식 검사, 학업
성취도 검사 등 모두 세 가지다. 구체적인 내용은 다음과 같다.

1) 지능검사

본 연구의 지능검사는 통제변인(control variable)으로 활용하기 위
하여 사용되었는데, Sternberg의 삼원지능 이론을 바탕으로 박도순,
하대현, 성태제(2000)에 의해서 제작된 신 종합지능검사의 분석지능
이다. 이 지능검사는 원래 분석지능, 창의지능, 자동화, 일상지능 영
역별로 구성되었으나 다른 세 가지 지능과는 달리, 분석지능은 g 이
론가들의 비판과 논쟁에서 벗어나 전통적인 IQ지수나 학업적성과

매우 유사한 것이다. 이 지능검사의 규준 Cronbach a 계수는 .61이고, 검사의 예시문항이 [부록 1]에 실려 있다.

2) 사고양식 검사

Thinking Styles Inventory(TSI-sv; Sternberg & Wagner, 1992)를 기초로 국내 고등학생을 대상으로 박도순, 하대현, 성태제(2000)에 의해 제작된 것이다. 이 검사는 학생들이 지적 문제해결 상황에서 각기 다른 방식으로 사고한다는 전제에서 개인의 다양한 사고양식 유형을 분류하는 검사도구다. 5개 차원 13개의 하위검사에 대하여 피험자가 제시된 65개의 문항을 읽고 4점 척도(전혀 아니다: 1점, 매우 그렇다: 4점)로 반응하는 자기-보고 형태로 구성되었다. 사고양식의 문항구성과 하위변인에 대한 Cronbach a 계수는 <표 IV-2>와 같이 .51~.90(평균 .67)의 범위다. Nunnally(1967)가 제안했듯이, .5 이상 수준이면 척도의 신뢰성이 있다는 면에서 대체로 척도에 신뢰성이 있지만, 최근 연구(윤미선, 김성일, 2004a, 윤미선, 김성일, 2004b, 한기순, 배미란, 2004)에서 무정부 척도가 낮은 신뢰도를 보였으며, 조작적 정의과정에서 과두적 사고양식이 오류가 있다는 주장(Dai & Feldhusen, 1999)을 근거로 하여 두 가지 척도들은 분석에서 제외되었다. 사고양식의 각 하위변인 점수는 표준점수(T점수)로 처리되었으며, 설문지는 [부록 2]에 실려 있다.

〈표 IV-2〉 사고양식의 문항구성

영 역	유 형	문항번호	문항 수	α
기 능	입 법	5. 10. 14. 32. 49	5	.62
	행 정	8. 11. 12. 31. 39	5	.62
	사 법	20. 23. 42. 51. 57	5	.71
형 식	군 주	2. 43. 50. 54. 60	5	.76
	위 계	4. 19. 25. 33. 56	5	.65
	과 두	27. 29. 30. 52. 59	5	.58
	무정부	16. 21. 35. 40. 47	5	.58
수 준	전 체	7. 18. 38. 48. 61	5	.61
	지 엽	1. 6. 24. 44. 62	5	.51
범 위	내 부	9. 15. 37. 55. 63	5	.70
	외 부	3. 17. 34. 41. 46	5	.71
경향성	진 보	45. 53. 58. 64. 65	5	90
	보 수	13. 22. 26. 28. 36	5	.72

(출처: 신 종합지능검사, 박도순, 하대현, 성태제, 2000, pp.9-10.)

3) 학업성취도 검사

본 연구의 학업성취는 교육과정평가원이 주관하여 2003년 10월 11일 전국단위로 실시된 연합 학력평가의 성적을 말한다. 학업성취의 영역은 언어·수리·외국어 및 총점으로 구성되었으며, 모두 표준점수로 처리되었다.

3. 검사실시 절차

본 연구에서 실시된 지능검사와 사고양식 검사는 2004년 2월 5일부터 2004년 2월 13일까지 9일간에 걸쳐 이루어졌다. 우선, 검사 전에 본 연구의 취지를 설명하고 이에 동의한 학생들만 실시하였다. 검사는 연구자 주관으로 학급별로 실시하였다. 검사의 정확성을 위해서 검사 전에 방법과 주의사항을 숙지시켰다. 검사시간은 총 30분이 소요되었다. 5분 동안 검사설명 후에 지능검사를 15분 실시했고, 그 직후에 사고양식 검사를 8분 동안 실시하였다.

4. 자료처리 및 분석

본 연구의 자료는 SPSS(Win Ver 11.0) 프로그램을 통해서 분석되었다. 가설의 분석방법은 다음과 같다.

1) 집단별 사고양식의 차이

영재학생과 일반학생 집단 간에 사고양식 하위변인의 평균 차이는 independent-sample t-test를 통해서 검증하였다. 그리고 지능과 성취 요인을 공변인(covariate)으로 통제한 후, 영재성을 독립변인으로 하고 각 사고양식의 하위변인을 종속변인으로 한 중다회귀분석을 실시하여 회귀계수에 대한 t 값으로 두 집단 간에 사고양식의 차이를 알아보았다. 독립변인의 투입방법은 지정한 모든 변인을 동시에 모두 투입하는 Enter 방식을 채택하였다. 두 집단 간에 창의성과 관련되는 사고양식의 차이를 알아보기 위하여 Zhang과 Postiglione(2001)의 제안에 따라서 사고양식의 하위변인을 Type I 양식과 Type II 양식별로 구분하였다. 창의성 정도와 규준경향성(규준선호-규준도전)과 정보처리의 특성(단순성-복잡성)에 따라서 전자를 Type I 양식, 후자를 Type II 양식으로 분류하였다. Type I 은 입법·사법·전체·위계·진보적 사고양식이 포함되며, Type II 은 전통적 사고양식으로서 행정, 지엽, 군주, 보수적 사고양식이 포함되었다. 각각 두 가지 사고양식 Type에 해당되는 사고양식의 하위변인을 합한 뒤에 집단별로 M과 SD를 산출하여 평균 차이를 t-test로써 확인하였다.

한편, 두 집단 간 사고양식 변인들의 판별양상을 구체적으로 파악하기 위하여 판별분석(discriminant analysis)을 실시하였다. 투입방법으로는 판별력이 높은 순서대로 입력되어 추정이 이루어지는 단계적 입력방법(stepwise estimation)을 이용하였다. 이 분석은 양적으로 측정된 독립변인들이 명목척도로 이루어진 종속변인을 분류하는 분석기법으로서 어떤 사고양식 변인이 판별에 가장 큰 역할을 수행하는지를 알아봄으로써 사고양식의 판별구조를 이해할 수 있다.

2) 사고양식과 학업성취의 관계

　상관분석(Pearson's product moment correlation analysis)을 이용하여 영재학생과 일반학생을 통합하여 사고양식과 학업성취 간의 관계를 확인하였다. 하지만 사고양식이 어느 정도 지능과 중첩관계가 있다고 보고, 지능을 통제한 후에 사고양식과 학업성취와의 상관을 알아보았다. 즉 순수한 사고양식과 학업성취와의 관계를 알아보기 위한 것으로서 준부분상관계수(part correlation)를 산출하여 알아보았다. 준부분상관계수의 목적은 사고양식과 학업성취와의 관계에서 지능과 학업성취와의 관계만을 제거한 후 사고양식과 학업성취와의 관계만을 보고자 하는 것이다.

3) 학업성취와 사고양식의 관계에서 집단별 차이

　우선, 영재-일반학생 집단과 사고양식의 상-하 집단에 따라서 성취에 대한 상호작용 효과(interaction effect)가 있는가를 알아보기 위하여 영재-일반학생 집단과 사고양식 상-하 집단을 독립변인으로 하고 학업성취 총점을 종속변인으로 하는 이원변량분석(two-way analysis of variance)을 실시하였다. 독립변인으로서 영재성은 영재집단과 일반학생이고, 사고양식 수준은 두 집단을 통합하여 각 사고양식의 하위변인마다 평균을 구한 뒤에 평균 이상에 해당되는 경우를 '상 수준'으로 하고, 평균 이하에 해당되는 경우를 '하 수준'으로 하였다. 종속변인은 학업성취의 총점으로 국한하였다.

　한편, 정준상관분석(cannonical correlation analysis)을 실시하여 사

고양식과 학업성취의 관계구조가 영재집단과 일반학생 간에 어떤 차이를 보이는지 알아보았다. 정준상관관계의 분석은 두 개 이상의 변인으로 구성되어 있는 종속변인과 두 개 이상으로 구성되어 있는 독립변수 간의 관계를 살펴보는 기법으로서 각 집단 내에 있는 변인들의 상관관계를 이용하여 변인들을 선형 결합한 식을 도출하고 도출된 식을 이용하여 관련성을 분석하는 방법이다. 상관관계 분석처럼 독립변인과 종속변인들 간의 직접적인 관계가 아니라, 정준변량(canonical variate)들 간의 관계를 나타낸다. 따라서 정준상관 분석은 두 가지의 반응 변인군의 관계구조를 구체적으로 파악하는 데 매우 효율적인 방법이다. 영재집단과 일반학생별로 사고양식 정준변인과 학업성취 정준변인 간의 관계를 다양하게 분석하였다. 이를 위하여 우선, 사고양식의 하위변인과 학업성취 변인들을 유의미하게 관련을 짓는 함수를 산출한 후에 정준중복지수의 결과를 검토하여 정준함수의 수효를 결정하였으며, 그 함수의 관계구조를 정준교차부하량을 검토함으로써 변인 간의 관계구조를 파악하였다.

제 **5** 부

연구결과

1. 사전분석

변인들에 대한 기초적인 기술통계와 통계분석을 위한 가정의 검토를 실시했다.

1) 집단별 변인의 기술통계

가설 검증에 앞서서 영재집단과 일반집단별 통제변인으로 활용된 변인들의 평균점수와 표준편차를 알아보았다. 아래 <표 V-1>처럼 영재집단이 일반학생보다 지능과 학업성취의 전 영역에서 높은 점수를 보였다. 그리고 표에는 제시되지 않았지만 사고양식의 하위변인에서도 외부와 보수적 사고양식에서만 일반학생이 영재집단보다 높았을 뿐, 나머지 사고양식의 하위변인은 영재집단이 일반학생보다 높았다.

〈표 V-1〉 집단별 지능과 성취의 평균과 표준편차

측정변인		영재(N=147)		일반학생(N=128)	
		M	SD	M	SD
지 능	분석지능	129.78	6.31	105.31	15.62
학업성취	언어 영역	82.62	6.92	63.71	15.50
	수리 영역	85.92	10.87	48.55	19.35
	외국어 영역	93.41	5.22	58.78	19.13
	총 점	261.94	18.87	171.03	47.15

2) 가정의 검토

가설 검증에 앞서서 연구자료에 대한 가정을 검토하였다. 우선, 가설 I의 검증을 위한 정규성과 등분산성을 검토하였다. 단변인 정규성으로 검토한 왜도는 -.690에서 .413까지 분포하였으며, 첨도는 -.669에서 .992까지의 분포를 이뤄 절댓값 1을 넘는 왜도나 첨도가 없었기 때문에 단변인 정규성에 심한 문제는 없었다.

두 집단 간 사고양식의 하위변인들에 대한 Levene의 등분산성(homoscedasticity)의 검토 결과도 큰 문제가 없었다. 군주적 사고양식에서만 약간의 문제가 발견되었을 뿐($F(1, 273)=5.009$, $p=.026$), 입법, 행정, 사법, 위계, 전체, 지엽, 내부, 외부, 진보, 보수적 사고양식 등의 F 값은 .090, 1.342, 2.780, .609, .017, .024, 2.009, 6.366, 2.825, .669 등으로 $a=.05$ 수준에서 통계적으로 의의가 없었다. 또한 극단치의 평가를 위하여 그래픽 방법으로 종속변인인 사고양식에 대한 히스토그램, 예측된 값과 잔차의 산포도, 잔차에 대한 정상확률곡선을 [그림 V-1], [그림 V-2], [그림 V-3]과 같이 확인하였고,

Mahalanobis의 거리와 잔차의 검증을 실시하였다. 검증 결과, 가설 I 에서 $df=1$에 대한 χ^2 임계치(10.83)보다 큰 Mahalanobis의 값이 없으므로 극단치가 없었고, 잔차의 정규분포성(normality)과 선형성 (linearity)도 히스토그램에서 종속변인인 사고양식 점수가 거의 정상 분포를 이루고 있었으며, 산포도 역시 표준점수 0을 중심으로 대략 적인 직사각형 모양을 하고 있어 잔차의 정규분포성, 선형성에 크게 위배되지 않았다. 정상확률곡선도 45도 선을 따라 그려져 있어 전반적인 잔차에 대한 가정들을 만족하였다. 잔차의 독립성을 검증하는 Durbin–Watson 검증치는 1.948로서 오차항 간에 자기상관(auto-correlation) 즉, 잔차의 독립성($r=0$)을 의미하는 준거인 2.0에 접근하고 있어 잔차의 독립성의 가정 또한 대체로 만족했다.

가설 II의 검증에서 독립–종속변인 간의 선형성, 등분산성, 독립성의 가정 역시 대체로 만족하였다.

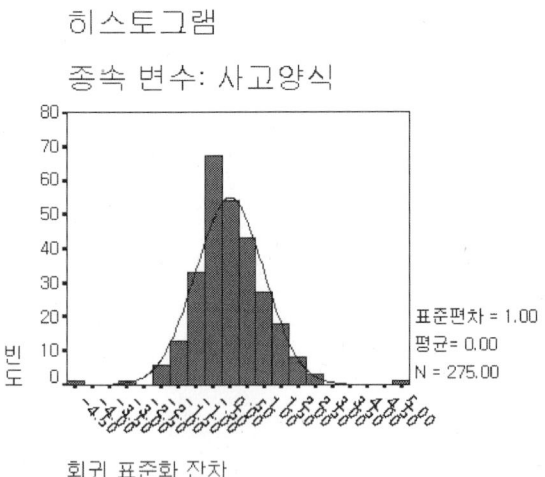

[그림 V–1] 사고양식 잔차의 정규분포 히스토그램

산점도

종속 변수: 사고양식

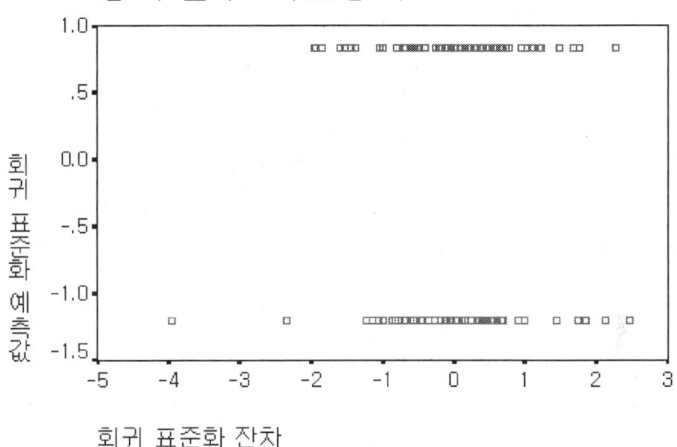

회귀 표준화 잔차

[그림 Ⅴ-2] 사고양식 오차항 분산 동일성

회귀 표준화 잔차의 정규 P-P 도

종속 변수: 사고양식

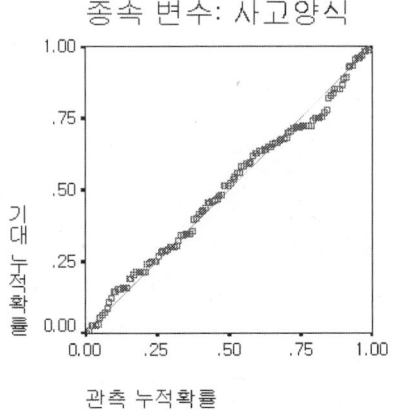

관측 누적확률

[그림 Ⅴ-3] 사고양식 잔차의 정규분포 산포도

한편, 학업성취를 종속변인으로 다변량 통계분석을 위한 가정의 검토에서 종속변인(학업성취)의 분포가 정규분포성을 가져야 하고 예측된 값과 잔차 간의 산포도가 표준점수 0을 중심으로 직사각형분포를 가져야 하며, 잔차에 대한 정상확률곡선은 45도를 유지해야 한다. 이러한 기본 가정들을 충족하는가를 살펴보기 위한 잔차의 정규분포성, 선형성, 등분산성 및 독립성의 검증 결과는 [그림 Ⅴ-4], [그림 Ⅴ-5], [그림 Ⅴ-6]과 같았다.

검증 결과, 아래의 그림들처럼 계급구간을 통한 히스토그램에서 종속변인인 학업성취도가 거의 정상분포를 이루고 있다. 산포도 역시 표준점수 0을 중심으로 대체로 직사각형 모양을 하고 있으며, 또한 변인의 관찰치들이 정규산포도(normal plot)에 대각선을 따르는 직선형태를 보이고 있으므로 전반적인 잔차에 대한 가정들을 만족하고 있다고 볼 수 있다.

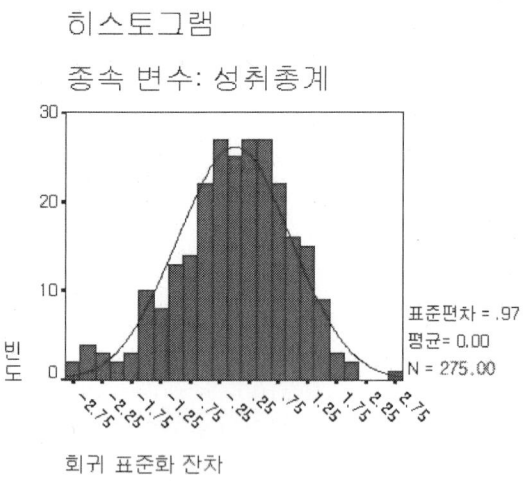

[그림 Ⅴ-4] 성취 총점 잔차의 정규분포 히스토그램

산점도

종속 변수: 성취총계

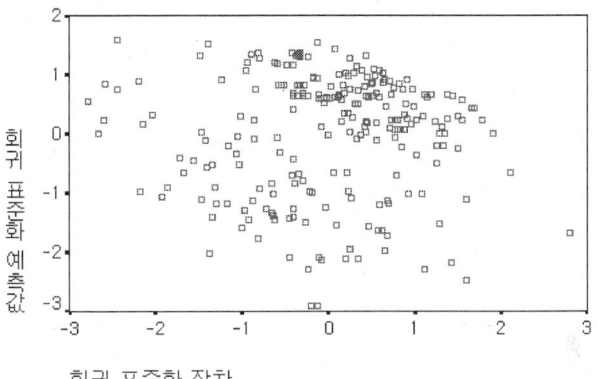

[그림Ⅴ-5] 성취 총점 오차항 분산의 동일성

회귀 표준화 잔차의 정규 P-P ⸾

종속 변수: 성취총계

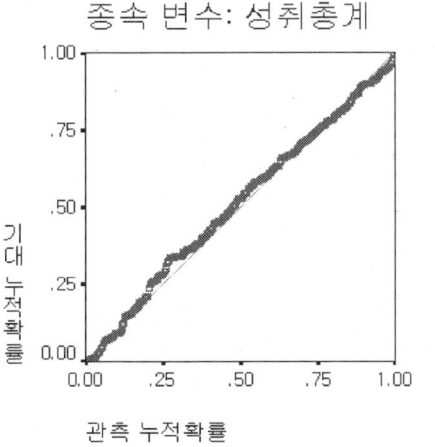

[그림 Ⅴ-6] 성취 총점 잔차의 정규분포 산포도

이 밖에 잔차의 독립성에 대한 검증에서 Durbin-Watson 통계치는 약 1.5였다. Durbin-Watson 검증의 자기상관(autocorrelation) 지수는 0≤V≤4의 범위를 갖는데, 0에 가까울수록 사례들의 예측오차들이 정적인 상관을 가진다는 것을 의미하고, 4에 가까울수록 사례들의 예측오차들이 부적인 상관을 가진다는 것을 의미한다. 지수 V의 크기가 2에 근접하면 잔차 간에 자기상관이 존재하지 않는다.(박광배, 2003) 따라서 본 자료의 잔차는 비교적 독립적이라고 본다.

또한 독립변인 간의 상관과 관련하여 다중공선성 검증에서 최대가 1인 Tolerance(공차) 값은 모두 1.0에 근접(1.032~1.149)하고 있고(다중공선성이 낮을수록 Tolerance 값은 높음), Tolerance의 역수로서 분산확대지수 VIF(Variance Inflation Factor)의 값도 모두 1.0에 가까운 값들로서 10보다 현저하게 작으므로 다중공선성의 문제는 없는 것으로 보인다. 다만 집단의 공분산행렬이 동일하다는 가설을 검증하는 Box의 M 검증(Box's $M=25.76$, $p=.013$)의 결과는 집단 간 동등성이 지지되지 못했다. 하지만 공분산 행렬의 동일성이 극단적으로 위배되지 않거나 사례 수가 많으면 판별식을 적용하여도 무리가 없는 것으로 본다.

끝으로, 가설Ⅲ에서의 네 집단 간 levene test 결과도 대체로 큰 문제가 없었다. 영재집단과 일반학생 간에 사고양식과 학업성취의 관계구조의 차이를 밝히기 위한 정준상관분석을 위한 가정으로서 변인 간에 '적당한' 관계성을 전제로 한다. 관계성이 없으면 단변인 분석을 실시해야 하고 관계성이 지나치게 크다면 개념과 계산의 양자에서 문제가 심각하기 때문이다.(박병기, 2004)

따라서 연구의 두 변인군(사고양식과 학업성취)의 Pearson 적률상관계수 행렬을 <표 Ⅴ-2>와 같이 검토하였다. 반응변인들 간 조합이 가능한 91개 상관계수 중 67개(73.6%)가 통계적으로 유의미한 상관을 보임으로써 적당한 관계가 있음을 알 수 있다. 상관계수의 범위는 .12~.81(-값 포함) 사이에서 나타났고, .80 이상은 1개였으며, 대체로 많은 사례 수 때문에 낮은 상관에도 통계적으로 의의가 있었다. 이 밖에도 자료를 제시되지 않았지만 11가지의 사고양식 요소변인과 3개의 성취변인들을 각각 준거변인으로 하는 산포도 역시 대체로 선형성과 조건적 등분산성의 가정을 충족하고 있었다.

이상과 같이 본 연구의 자료는 연구가설을 위한 통계의 가정의 검토에서 대체적으로 통계적 왜곡을 일으킬 정도의 심각성이 없었기 때문에 자료변화 등의 조치를 취하지 않았다.

〈표 V-2〉 반응변인의 상관행렬

변인	A_1	A_2	A_3	A_4	A_5	A_6	A_7	A_8	A_9	A_{10}	A_{11}	B_1	B_2	B_3
A_1	1.00													
A_2	.120*	1.00												
A_3	.409**	.465**	1.00											
A_4	.215**	.252**	.432**	1.00										
A_5	.207**	.483**	.460**	.357**	1.00									
A_6	.156**	.194**	.349**	.266**	.230**	1.00								
A_7	.365**	.132**	.314**	.272**	.208**	.004	1.00							
A_8	.392**	.106	.217**	.297**	.241**	.156**	.391**	1.00						
A_9	-.001	.027	.298**	.021	-.033	.178**	-.118	-.386**	1.00					
A_{10}	.467**	.066	.436**	.384**	.255**	.255**	.354**	.275**	.096	1.00				
A_{11}	-2.74**	.406**	.069	.036	.079	.078	-.068	-049	.003	-.361**	1.00			
B_1	.243**	.245**	.201**	.124*	.217**	.172**	.095	.216**	-.121*	.096	.041	1.00		
B_2	.207**	.246**	.170**	.165**	.229**	.107	.104	.215**	-.148*	.129*	-.059	.768**	1.00	
B_3	.245**	.218**	.222**	.166**	.265**	.116	.197**	.285**	-.120*	.191**	-.099	.738**	.813**	1.00

* $p<.05$, ** $p<.01$

A_1: 입법, A_2: 행정, A_3: 사법, A_4: 군주, A_5: 위계, A_6: 전체,
A_7: 지엽, A_8: 내부, A_9: 외부, A_{10}: 진보, A_{11}: 보수
B_1: 언어, B_2: 수리, B_3: 외국어

2. 두 집단 간 사고양식의 차이

가설Ⅰ : 영재학생과 일반학생 간에 사고양식의 차이가 있을 것이다.

1) 영재학생과 일반학생의 사고양식의 차이

영재집단과 일반학생 간에 각 사고양식의 하위변인의 평균값에 대하여 t 검증을 하였다. 지능과 학업성취 총점을 통제하기 전과 두 변인을 통제한 후의 결과는 <표 Ⅴ-3>, [그림 Ⅴ-7]과 같다.

지능과 성취를 통제하기 전에는 사고양식의 하위변인의 상당한 부분에서 양 집단의 차이가 있었다. 구체적으로, 영재집단이 일반학생보다 입법($t=3.220$, $p<.01$), 행정($t=2.109$, $p<.05$), 사법($t=2.038$, $p<.05$), 위계($t=3.329$, $p<.01$), 내부($t=3.133$, $p<.01$), 진보적 사고양식($t=3.716$, $p<.01$)의 평균이 통계적으로 의의가 있게 더 높았으며, 보수적 사고양식에서는 일반학생이 영재집단보다 통계적으로 의의가 있게 높았다($t=-3.474$, $p<.01$).

한편, 지능과 학업성취 총점을 공변인(covariate)으로 통제한 후, 영재성을 독립변인으로 하고 각 사고양식의 하위변인을 종속변인으로 한 중다회귀분석을 실시하여 회귀계수에 대한 t 검증으로 두 집단 간의 사고양식의 차이를 알아보았다. 이것은 사고양식이 지능과 학업성취와 어느 정도 상관을 갖는 것으로 보고, 두 집단 간에 순수한 사고양식의 차이가 있는가를 알아보기 위한 것이다. 공변인을 통제한 후, 집단 간에 차이를 보인 것은 사고양식은 행정, 진보, 보수적 사고양식이었다. 공변인을 통제하기 전과 마찬가지로 영재집단이 일반학생보다 행정적 사고양식($t=1.977$, $p<.05$), 보수적 사고양식($t=4.356$, $p<.01$)에서 의의가 있게 높았고, 진보적 사고양식에서는 영재집단이 일반학생의 평균보다 의의가 있게 낮아졌다($t=-2.447$, $p<.05$). 즉 두 집단 간에 차이가 있었던 사고양식 중에서 지능과 학업성취에 영향을 받은 사고양식이 존재했는데, 이는 입법, 사법, 위계, 내부적 사고양식이었다. 입법, 사법, 위계, 내부적 사고양식은 차이변인에서 제외되었으며, 진보적 사고양식과 보수적 사고양식은 지능과 학업성취를 통제한 후에도 양 집단 간에 차이가 있었다.

〈표 Ⅴ-3〉 집단별 사고양식의 평균 차이 검증

사고양식		영재학생(n=147)	일반학생(n=128)	통제 전	통제 후
영역	유형	M(SD)	M(SD)	t	회귀계수 t 검증
기능	입법	54.90(8.26)	51.70(8.19)	3.220**	.032
	행정	55.67(9.47)	53.37(8.47)	2.109*	1.977*
	사법	56.36(7.18)	55.48(8.15)	2.038*	1.444
형식	군주	55.82(5.29)	54.86(6.99)	1.299	1.896
	위계	56.05(8.62)	52.52(8.62)	3.329**	.272
수준	전체	56.64(7.39)	55.99(7.00)	.776	.486
	지엽	54.61(7.88)	53.11(7.65)	1.599	.569
범위	내부	57.35(8.72)	54.23(7.69)	3.133**	.486
	외부	50.11(9.20)	51.35(7.68)	-1.206	.936
경향	진보	56.97(6.59)	53.93(6.95)	3.716**	-2.447*
	보수	50.84(9.91)	54.96(9.51)	-3.474**	4.356**

* $p<.05$, ** $p<.01$
* 통제변인(control variable): 지능, 학업성취 총점

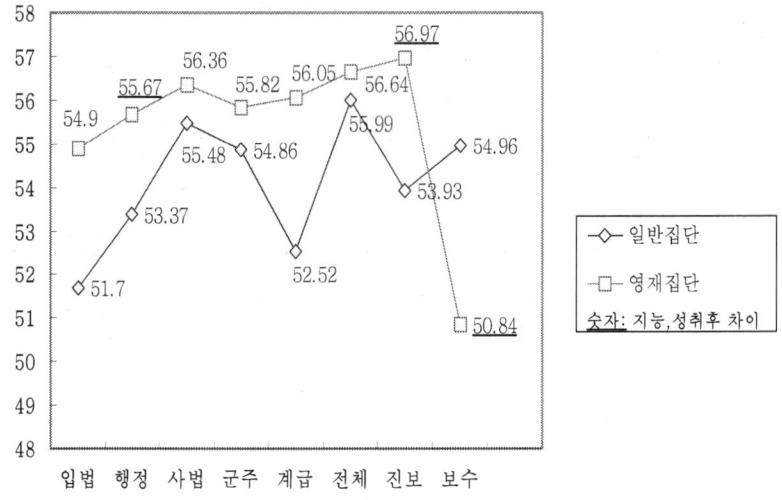

[그림 Ⅴ-7] 두 집단 간 사고양식 평균 차이 비교

2) Type Ⅰ과 Type Ⅱ 양식의 집단 간 차이

앞에서 말한 사고양식의 하위변인들을 창의성 정도와 규준경향성 (규준선호-규준도전) 및 정보처리의 특성(단순성-복잡성)의 준거에 따라서 Type Ⅰ과 Type Ⅱ로 분류하였다.

이와 같이 분류를 한 것은 Zhang과 Postiglione(2001)의 주장에 근거하였는데, Type Ⅰ에는 입법, 사법, 전체, 위계, 진보적 사고양식이며, Type Ⅱ은 행정, 지엽, 군주, 보수적 사고양식이 포함되었다. 두 가지 유형과 관련하여, 두 집단의 평균 차이에 대하여 t 검증을 했는데, 그 결과는 <표 Ⅴ-4>와 같다. Type Ⅰ에서 영재집단은 일반학생보다 통계적으로 의의가 있게 높았으나($t=3.947$, p<.01), Type Ⅱ에

서 두 집단 간의 평균 차이는 통계적으로 의의가 없었다.

〈표 Ⅴ-4〉 TypeⅠ, TypeⅡ의 집단별 차이 검증

사고양식	집단	N	M	SD	t
Type Ⅰ	영재학생	147	56.18	4.91	3.947**
	일반학생	128	53.72	5.42	
Type Ⅱ	영재학생	147	54.24	5.17	.261
	일반학생	128	54.07	5.11	

** $p < .01$

3) 사고양식의 집단 판별구조

판별분석은 영재집단과 일반학생 집단의 차이를 극대화하는 잠재
변인의 구조를 파악할 수 있다. 따라서 영재집단과 일반학생을 종속
변인으로 하고, 이들에 대한 사고양식의 하위변인들을 독립변인으로
하여 판별분석(Two-group discriminant analysis)을 하였으며, 그 결과
는 아래 <표 Ⅴ-5>, <표 Ⅴ-6>, <표 Ⅴ-7>, <표 Ⅴ-8>과 같다.

우선, 판별함수에 대한 분석이 단계적 입력방법으로 이루어졌기
때문에 $p < .05$보다 큰 군주, 전체, 지엽, 외부적 사고양식은 통계적
으로 집단 간 차이가 없는 것으로 간주되어 판별분석에서 제외되었
으며, 최종분석에 투입된 스타일은 행정, 내부, 보수적 사고양식이었
다. 아래 <표 Ⅴ-5>, <표 Ⅴ-6>에서와 같이 정준판별함수 계수
(canonical discriminant coefficient)를 기준으로 볼 때, 보수, 행정, 내
부적 사고양식 사고양식의 순서대로 판별함수에 영향을 주었다(비표
준화 회귀계수).

판별함수 D(.079(행정)+.055(내부)−.091(보수)−2.566)가 경계점수 ((128)(.338))+((147)(−.388))/(147+128)보다 작으면 제1집단에 속하고, 그 이상 값이면 제2집단 속하는 것으로 판별하게 된다. <표 Ⅴ−7>에서 eigen value 값(집단 간 자승화 / 집단 내 자승화)은 집단 내 변량에 비해 집단 간 변량이 얼마나 큰가를 알려주는데, 집단 내 변량과 집단 간 변량이 큰 차이가 없음을 알 수 있다. 판별함수와 집단 간의 상관을 의미하는 정준상관계수는 .341로서 그리 크다고 볼 수는 없다. 정준상관계수의 자승으로 설명되는 eta^2 값은 결정계수로 해석되는데 결과적으로 판별함수와 집단 간에는 11.7%의 관계성이 있다. Wilks Lambda는 .883으로 이 역시 eta^2 값과 밀접한 관련이 있는데 eta^2과 Wilks Lambda 값을 합하면 1이 된다. 투입된 변인들을 기준으로 볼 때, 연구집단은 대체적으로 집단 간 분산이 작고 집단 내 분산이 큼을 알 수 있다. 하지만 본 연구의 사고양식 설문이 4점 척도이기 때문에 분산이 크지는 않을 가능성이 있다. Wilks Lambda 값 .883은 자유도가 3인 χ^2=33.641로 변환될 수 있는데, χ^2 값이 $p<.001$ 수준에서 유의하였기 때문에 결과적으로 세 가지의 사고양식들에 따른 판별함수는 통계적으로 예측력이 있는 유의한 판별함수임을 알 수 있다.

한편, <표 Ⅴ−8>에서 보듯이, 이 판별식이 실제의 집단을 얼마나 잘 분류하는가를 나타내는 Hit Ratio는 약 67%로서 비교적 양호한 예측력을 나타냈다.

〈표 Ⅴ-5〉 투입변인과 정준판별함수 계수

투입변인	함 수
	1
행정적 사고양식	.079
내부적 사고양식	.055
보수적 사고양식	−.091
상 수	−2.566

〈표 Ⅴ-6〉 함수의 집단 중심점

집 단	함 수
	1
영재학생	.338
일반학생	−.388

〈표 Ⅴ-7〉 도출 정준판별함수의 유의도

함수	eigen value	정준상관	Wilks' Lamda	x^2	df	p
1	.132	.341	.883	33.641	3	.008

〈표 Ⅴ-8〉 사고양식의 집단 분류 결과

실제집단	예측 소속집단		전 체
	영재학생(%)	일반학생(%)	
영재학생	95(64.6)	52(35.4)	147
일반학생	40(31.3)	88(68.8)	128

예측정확도(hit ratio): 67%

3. 사고양식과 학업성취의 관계

가설Ⅱ : 사고양식은 학업성취와 상관이 있을 것이다.

1) 사고양식과 학업성취 간의 관련성

사고양식과 학업성취 간의 Pearson 상관관계는 <표 Ⅴ-9>와 같다. 사고양식의 하위변인과 학업성취의 총점 간에 통계적으로 의의가 있는 상관을 보인 사고양식은 입법, 행정, 사법, 군주, 위계, 내부적 사고양식이었다. 정신자치제 이론에서 기능과 형식의 영역에 해당되는 사고양식 모두 학업성취와 긍정적 상관을 보였으며, 특히 학업성취의 모든 영역과 상관이 있었다. 나머지 사고양식의 경우는 학업성취의 영역에 따라서 상관을 갖는다. 즉 전체적 사고양식과 언어 영역의 학업성취가 긍정적 관계가 있고, 지엽적 사고양식과 외국어 영역의 학업성취, 그리고 진보적 사고양식과 외국어 영역의 학업성취 간에 긍정적 상관관계가 있었다. 또한 과목에 따라서 두 변인 간에는 상관 값이 다소 다르게 나타났다. 이것은 사고양식이 학업성취에 대한 개인차 요인으로서 유용한 변인이 될 수 있음을 시사해 준다. 사고양식의 하위변인과 학업성취 변인 간에 조합이 가능한 총 44개 상관 값 중에서 27개(약 61.4%)가 의의가 있는 상관을 보였으며, 상관 값의 크기는 .170~.285의 범위였다.

<표 V-9> 사고양식과 학업성취 관계(*N*= 275)

사고양식		언어 영역	수리 영역	외국어 영역	성취 총점
영역	유형				
기능	입법	.243**	.207**	.245**	.246**
	행정	.245**	.246**	.218**	.254**
	사법	.201**	.170**	.222**	.210**
형식	군주	.124*	.166**	.165**	.166**
	위계	.217**	.229**	.265**	.257**
수준	전체	.172**	.017	.116	.097
	지엽	.095	.104	.197**	.144
범위	내부	.216**	.215**	.285**	.260**
	외부	−.121	−.148	−.120	−.141
경향	진보	.096	.129	.191**	.153
	보수	.041	−.059	−.099	−.052

* $p < .05$, ** $p < .01$

한편, 위의 두 변인 간 상관계수가 전반적으로 높지 않기 때문에 학업성취에 대한 영향은 다른 변인과 함께 검증할 필요가 있을 것이다. 이와 관련하여, 사고양식 구인이 어느 정도 지능과 중첩관계가 있다는 Sternberg의 주장에 근거하여, 지능을 통제한 후에 사고양식과 학업성취와의 준부분상관계수를 <표 V-10>과 같이 추가적으로 알아보았다. 상관의 설명이 미약할지라도 학업성취 중에서 통계적으로 유의한 상관을 보이는 사고양식은 총 16개(약 36%)로 상당히 줄어들었으며, 학업성취의 영역에 따라서도 상관의 양상이 크게 달라졌다. 우선, 사법적 사고양식과 군주적 사고양식의 경우에는 지능을 통제한 후에 학업성취의 모든 영역과 상관이 제외되었다. 오히려 외부적 사고양식은 학업성취 총점과의 상관이 추가되었다. 또한 사고양식은 학업성취의 영역에 따라서도 상관의 양상이 많이 달라졌다.

예컨대, 입법적 사고양식과 내부적 사고양식은 언어와 수리 영역의 학업성취의 상관이 제외되었고, 보수적 사고양식과 언어 영역의 학업성취는 긍정적 상관으로 첨가된 반면에, 전체적 사고양식과 외부적 사고양식은 수리 영역의 학업성취와 부적 상관으로 나타났다. 그러나 지능을 통제한 후에도 여전히 행정적 사고양식은 학업성취 모든 영역에서 유의한 상관을 보였다. 이처럼 지능을 통제하기 전과 후에 사고양식과 학업성취의 관계는 상당히 달라졌다. 즉 사고양식은 지능과 어느 정도 중첩관계가 있음을 보여주었다.

〈표 Ⅴ-10〉 지능통제 후 사고양식과 성취의 준부분상관행렬

변 인	언 어	수 리	영 어	총 점
입 법	.115	.067	.106**	.101**
행 정	.125**	.115**	.078*	.108**
사 법	.065	.020	.074	.054
군 주	−.011	.021	.020	.013
위 계	.062	.061	.099**	.081*
전 체	.088*	−.076*	.024	.001
지 엽	.007	.009	.102**	.044
내 부	.078	.065	.136**	.101**
외 부	−.060	−.083*	−.054	−.072*
진 보	−.032	−.009	.054	.008
보 수	.119**	.025	−.016	.036

** p.05 ** p<.01

2) 사고양식과 학업성취의 관계에서 집단별 차이

가설Ⅲ: 사고양식과 학업성취의 관계는 영재학생과 일반학생 간에 차이가 있을 것이다.

(1) 집단별 이원변량분석

우선, 영재-일반학생 집단과 사고양식의 상-하 집단에 따라서 성취에 대한 상호작용 효과가 있는가를 알아보기 위하여 영재-일반학생 집단과 사고양식 상-하 집단을 독립변인으로 하고 학업성취 총점을 종속변인으로 하는 이원변량분석(Two-way analysis of variance)을 실시하였다. 영재성과 사고양식 수준에 따른 학업성취 총점의 기초통계량과 이원변량분석에서 나타난 상호작용 효과는 아래 <표 Ⅴ-11>에 제시되어 있다. <표 Ⅴ-11>은 연구관심에 따라서 이원변량분석 결과에서 산출된 영재성과 사고양식 수준별 학업성취에 대한 주 효과는 제외되었고, 두 요인의 상호작용 효과에 대한 검증 부분만 제시되었다. 따라서 위계적 사고양식($F=5.59$, $p<.05$), 전체적 사고양식($F=5.21$, $p<.05$), 내부적 사고양식($F=10.00$, $p<.01$)이 영재성과 함께 학업성취에 대하여 각기 상호작용 효과를 나타내는 것을 알 수 있다. 영재성과 사고양식 수준의 상호작용 효과의 결과는 다음 [그림 Ⅴ-8], [그림 Ⅴ-9], [그림 Ⅴ-10]과 같다.

〈표 Ⅴ-11〉 성취 총점에 대한 이원변량분석

사고양식			영재학생(147)		일반학생(128)		df	F
영역	유형	수준	M(SD)	N	M(SD)	N		
기능	입법	하	259.60(17.14)	73	162.77(50.30)	77	1	3.638
		상	264.54(16.88)	74	183.51(39.23)	51		
	행정	하	256.55(14.82)	71	163.82(48.14)	85	1	1.631
		상	267.26(17.62)	76	185.28(42.14)	43		
	사법	하	256.39(17.54)	59	165.09(46.79)	69	1	0.163
		상	265.91(15.84)	88	177.98(47.02)	59		
형식	군주	하	260.61(18.18)	69	164.17(45.23)	59	1	1.425
		상	263.40(16.16)	78	176.90(48.29)	69		
	위계	하	261.06(17.23)	54	161.56(45.38)	73	1	5.594*
		상	262.69(17.14)	93	183.60(46.93)	55		
수준	전체	하	261.50(16.71)	54	161.03(47.84)	64	1	5.212*
		상	262.43(17.45)	93	181.03(44.62)	64		
	지엽	하	259.07(15.30)	71	166.19(46.98)	68	1	.290
		상	264.91(18.34)	76	176.52(47.14)	60		
범위	내부	하	261.04(14.93)	51	158.66(47.23)	71	1	10.009**
		상	262.65(18.25)	96	186.44(42.64)	57		
	외부	하	267.65(18.96)	65	169.53(49.00)	59	1	2.325
		상	257.68(14.17)	82	172.32(45.84)	69		
경향성	진보	하	261.72(17.67)	58	168.12(49.34)	76	1	.594
		상	262.33(16.87)	89	175.29(43.88)	52		
	보수	하	265.98(16.50)	91	163.38(44.78)	58	1	.838
		상	259.69(17.16)	56	177.37(48.43)	70		

* $p < .05$, ** $p < .01$

가) 영재성×위계적 사고양식의 상호작용

영재집단에서는 위계적 사고양식 수준에 따라서 학업성취 총점의 차이를 보이지 않지만, 일반학생의 경우는 위계적 사고양식의 '상

수준'이 '하 수준'보다 학업성취가 높았다. 즉 영재집단에서는 위계
적 사고양식에 따라 학업성취 총점이 거의 영향을 받지 않는 반면,
일반학생은 위계적 사고양식 수준에 따라 학업성취 총점이 의의가
있게 달라지는 결과가 나타났다.

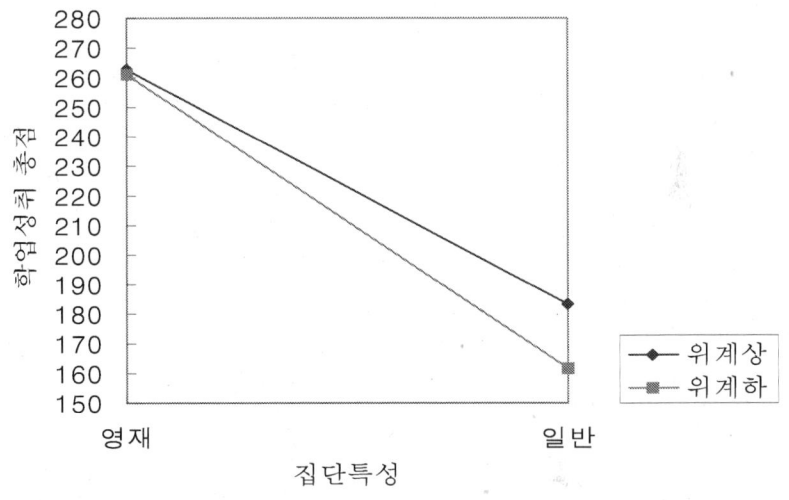

[그림 Ⅴ-8] 영재성×위계적 사고양식의 상호작용

나) 영재성×전체적 사고양식 수준의 상호작용

영재집단에서는 전체적 사고양식 수준에 따라서 학업성취 총점의
차이를 보이지 않지만, 일반학생의 경우는 전체적 사고양식의 '상
수준'이 '하 수준'보다 학업성취가 높았다. 즉 영재집단에서는 전체
적 사고양식에 따라 학업성취 총점이 거의 영향을 받지 않는 반면,
일반학생은 전체적 사고양식 수준에 따라 학업성취 총점이 의의가
있게 달라지는 결과가 나타났다.

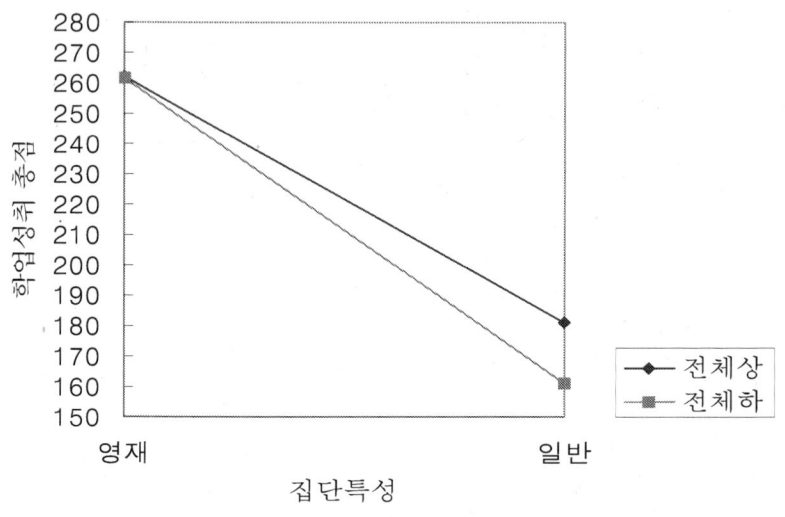

[그림 Ⅴ-9] 영재성×전체적 사고양식 수준의 상호작용

다) 영재성×내부적 사고양식 수준의 상호작용

　영재집단에서는 내부적 사고양식 수준에 따라서 학업성취 총점의 차이를 보이지 않지만, 일반학생의 경우는 내부적 사고양식의 '상 수준'이 '하 수준'보다 학업성취가 높았다. 즉 영재집단에서는 내부적 사고양식에 따라 학업성취 총점이 거의 영향을 받지 않는 반면, 일반학생은 내부적 사고양식 수준에 따라 학업성취 총점이 의의가 있게 달라지는 결과가 나타났다.

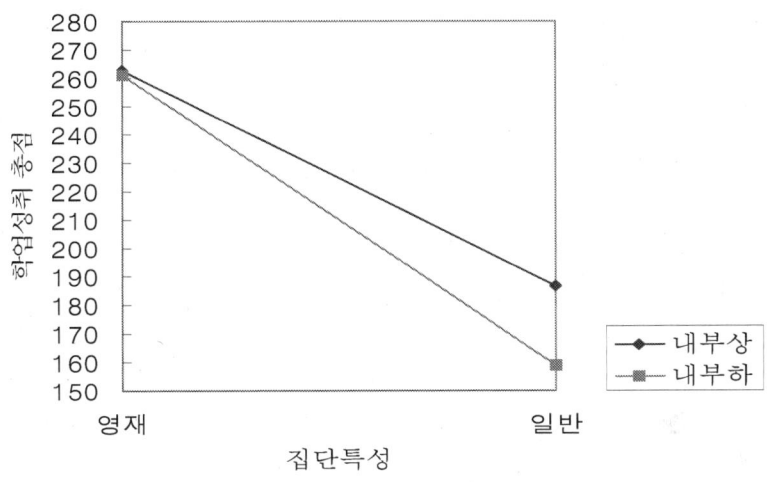

[그림 Ⅴ-10] 영재성×내부적 사고양식의 상호작용

한편, 영재집단과 일반학생 간에 사고양식과 학업성취의 관계구조
의 차이를 알아보기 위하여 정준상관분석을 했다. 우선, 영재집단에
있어서 사고양식과 학업성취 간의 정준상관분석의 결과는 <표 Ⅴ-12>,
<표 Ⅴ-13>에 제시되었다. <표 Ⅴ-12>에서 보듯이, 사고양식의 하위
변인과 학업성취 변인들을 의의가 있게 관련을 짓는 함수는 .45~.35
까지 세 경우가 산출되었으며, 이는 모두 $a=.05$ 수준에서 통계적으
로 의의가 있었다. 하지만 정준함수가 모두 해석이 가능한가는 정준
중복지수의 결과를 검토를 한 후에 결정해야 한다.(박병기, 2000) 중복
지수의 검토 결과, 세 가지 함수의 사고양식 변인군은 .024, .015, .009
이었고, 학업성취는 .51, .27, .21이었다. 이와 같이 사고양식 하위변
인에서 함수들의 정준중복지수들이 낮은 것은 <표 Ⅴ-2>에서와 같
이 사고양식 하위변인 간의 상관 값이 낮은 결과와 연관이 있는 것
으로 보인다.

해석 가능한 정준함수의 선택은 중복지수 값이 급격하게 떨어지는 지점에서 결정하는데, 그와 같은 뚜렷한 현상이 보이지 않음으로써 세 개의 정준함수 모두 통계적으로 의의가 있는 것으로 선택하였다. 정준함수는 정준교차부하량을 검토함으로써 변인 간의 관계구조를 알 수 있다. 정준교차부하량은 정준부하량과 정준상관계수를 곱함으로써 구해지며, 크기와 부호를 상관계수처럼 해석한다. 정준교차부하량은 각 측정변인들과 다른 정준변인 간의 구조행렬로서의 의의를 지닌다.(박병기, 2000) 따라서 정준교차부하량은 사고양식 변인군과 학업성취 변인 간의 관계성을 가장 잘 드러내는 지수이다. 함수1을 보면, 사고양식 정준변인의 속성은 군주와 위계 및 외부적 사고양식이 강하게 반영되었다. 학업성취의 속성은 모든 영역의 학업성취가 강하게 반영되었다. 즉 함수1은 군주와 위계적 사고양식으로 특징을 짓는 사고양식 정준변인과 모든 학업성취 정준변인의 관계성으로 이해된다. 하지만 관계의 양상이 양의 값과 음의 값이 동시에 나타나는 것으로 보아서 사고양식과 학업성취는 영역에 따라서 정적, 부적 관계성이 있음을 알 수 있다. 즉 영재집단의 학업성취는 구조적 사고(군주, 위계적 사고양식)와 긍정적 관계를 갖고, 협력적 사고(외부적 사고양식)와는 부적 관계성을 갖는다고 볼 수 있다. 함수2는 전체, 지엽 및 보수적 사고양식이 특성을 이루는 사고양식 정준변인과 언어 영역의 성취의 속성으로 나타난 학업성취 정준변인의 관계성으로 표출되었다. 특히, 전체적 사고양식 특성을 지닌 것과 언어 영역의 성취의 속성은 정적인 관계성을 보이고 있음을 알 수 있다. 함수3은 입법, 지엽, 내부, 진보 및 보수적 사고양식의 속성을 보이는 사고양식 정준변인과 수리 영역의 성취속성의 정준변인 간의 관계성으로 이해된다. 모든 관계가 음의 값을 가진 것으로 보아서 사고양식과 수리 영역의 성취는 부적 관계성이 있는 것으로 보인다.

〈표 Ⅴ-12〉 영재학생의 정준상관계수

근 번호	eigen value	설명비율	누적설명비율	정준상관계수
1	.259	43.80	43.80	.45*
2	.187	31.61	75.42	.39*
3	.145	24.57	100.00	.35*

* $p<.05$

〈표 Ⅴ-13〉 영재학생의 정준변인의 정준교차부하량

측정변인		정준함수 1	정준함수 2	정준함수 3
사고양식 변인군	입 법	.20	-.08	-.32
	행 정	-.06	.26	-.08
	사 법	-.03	.13	.02
	군 주	.54	.02	.27
	위 계	.49	.06	.06
	전 체	.25	.65	.01
	지 엽	.13	-.41	-.45
	내 부	.50	-.09	-.38
	외 부	-.55	-.21	.19
	진 보	.01	-.24	-.33
	보 수	-.20	.38	-.33
학업성취 변인군	언어 영역	.53	.79	.27
	수리 영역	.52	.00	.85
	외국어 영역	.98	-.05	-.14

일반학생의 사고양식과 학업성취 간의 정준상관분석의 결과는 <표 Ⅴ-14>, <표 Ⅴ-15>와 같다. <표 Ⅴ-14>에서와 같이, 일반학생들의 사고양식과 학업성적의 정준상관계수는 $a=.05$ 수준에서 .45로서

한 가지만 통계적으로 의의한 것으로 나타났다. 정준함수의 정준중복지수는 사고양식이 .02였고, 학업성취는 .70이었다. <표 Ⅴ-15>는 일반학생의 측정변인과 정준변인의 정준교차부하량을 보여주고 있다. 함수 1은 보수, 전체, 행정적 사고양식 등은 정적으로 높은 관련성을 가지고 있는 반면에 진보적 사고양식은 부적으로 관련이 있었다. 이로 미루어 보아 일반학생의 모든 영역의 학업성취는 행정, 전체 및 내부적 사고양식과 높은 관련성을 가진다고 예측할 수 있다. 즉 일반학생의 학업성취와 관련을 보이는 사고양식은 비판적이거나 개방적 사고보다는 집행적이고 조직적인 기능을 갖는 사고양식의 성격이라고 볼 수 있다.

이상과 같이 영재집단과 일반학생과의 두 변인군 간의 구조관계의 양상을 종합해 보면, 일반학생보다는 영재집단이 다양하게 나타나고 있다. 즉 영재학생의 경우가 일반학생 경우보다는 성취 영역에 따라 사고양식의 하위변인들이 다양하게 반영하고 있음을 보여주는 것이다. 또한 학업성취 영역에 따라서 사고양식의 관계구조의 형성 패턴도 영재집단과 일반학생 간에 많은 차이가 있었다. 예를 들어, 영재집단의 학업성취는 군주, 위계, 내부적 사고양식이 그 속성을 결정한 반면에, 일반학생의 학업성취는 행정, 전체, 보수적 스타일들이 그 속성을 나타내 주고 있다. 또한 일반학생의 요소변인들이 주로 사고양식과 학업성취의 정적인 관계구조를 형성하고 있는 반면에 영재학생들의 경우는 성취의 영역에 따라 정적, 부적인 관계구조를 형성한다고 볼 수 있다.

〈표 Ⅴ-14〉 일반학생의 정준상관계수

근 번호	eigen value	설명비율	누적설명비율	정준상관계수
1	.262	59.46	59.46	.45[**]
2	.105	23.73	83.19	.30
3	.074	16.80	100.00	.26

* $p < .05$

〈표 Ⅴ-15〉 일반학생의 정준변인의 정준교차부하량

측정변인		정준함수 1	측정변인		정준함수 1
사고양식 변인군	입 법	.06	학업성취 변인군	언 어	.95
	행 정	.36		수 리	.66
	사 법	.28		외국어	.87
	군 주	.18			
	위 계	.01			
	전 체	.51			
	지 엽	.04			
	내 부	.32			
	외 부	.02			
	진 보	-.32			
	보 수	.60			

제 **6** 부

논 의

인간의 마음이 인지, 정의적 구인이 각각 개별적으로 작용하지 않음에도 지금까지 개인차 연구가 독립적으로 연구되었기 때문에 학습상황에서 영재의 학업성취를 이해하는 데 한계가 있었다.

이런 맥락에서 영재교육에서 새롭게 연구 영역으로 관심을 끄는 개인차 구인이 바로 사고양식이다. 지능과 성격의 상호작용이라고 할 수 있다는 점에서 사고양식 구인은 다양한 형태의 심리적 특성을 포함하고 있다. 본 연구는 영재집단의 사고양식이 일반학생과 어떻게 다른가? 그리고 영재들의 사고양식과 학업성취의 구조적 관계가 일반학생에 비해서 어떤 차이가 있는가를 검증해 보고자 하였다. 본 연구에서 도출된 연구결과에 대하여 다음과 같이 논의를 하고자 한다.

1. 영재학생과 일반학생의 사고양식의 차이

영재집단과 일반학생 간에 사고양식의 차이가 있을 것이라는 가설은 지지되었다. 이 가설을 검증하기 위해서 각 하위 사고양식의 평균 차이, Type I 과 Type II 에 대한 두 집단의 평균 차이, 그리고 영재집단을 구분하는 데 가장 영향력을 행사하는 사고양식이 무엇인가를 통계적으로 검증하여 알아보았다. 우선, 두 집단 간에 차이를 보이는 사고양식은 11가지 하위변인 중 7개(64%)로서 상당한 분야에서 차이가 있었다. 사고양식의 구인이 영역별로 개념상 서로 배타적이거나 상반적인 개념일지라도 사고양식의 하위변인 대부분 영재학생이 일반학생보다 높았다(보수적 사고양식은 반대). 구체적으로 영재학생이 일반학생보다 입법, 행정, 사법, 위계, 내부, 진보적 사고양식에서 높은 점수가 있었고, 보수적 사고양식은 일반학생이 높았다. 또한 지능과 학업성취 요인을 공변인(covariate)으로 통제한 후에도 영재학생은 일반학생보다 입법, 진보적 사고양식에서 통계적으로 의의가 있게 높았고, 외부적 사고양식과 보수적 사고양식의 평균은 일반학생이 높았다. 두 집단 간 차이에서 지능과 학업성취에 영향을 받은 사고양식은 입법, 사법, 위계 및 내부적 사고양식이었다. 이런 현상과 관련하여, 입법, 위계적 사고양식이 지능과 상관이 있고, 내부, 내부적 사고양식은 학업성취와 상관을 갖는 변인들이었다는 선행연구(나동진, 김진철, 2004, 윤미선, 1997, 김소연, 2000, 윤소정 외, 2003, 한기순, 배미란, 2004)를 보면 어느 정도 이해가 된다.

또한 이것은 영재의 사고양식이 비교적 다양함을 보여주는 것이다. 즉 사고양식은 이분법적인(dichotomous) 차원이 아니라, 연속적인(continuous) 차원이라는 특성을 잘 반영해 주는 것이다. 따라서 과제와 상황에 따라서 사고양식이 복잡하게 작용될 수 있는 구인이라는 점을 시사해 준다. Csikszentmihalyi(1993)와 Dai와 Feldhusen(1999)는 일관적인 사고양식의 표출보다는 특정한 과제상황에 따라서 입법적이면서 행정적일 수도 있고, 지엽적이면서도 전체적이며, 군주적이면서 위계적인 사고양식일 수도 있다. 예를 들어, 과학적 탐구과정에서 가설설정은 높은 추상적 사고와 입법적 기능이 관련되지만 가설검증은 확립된 규칙이나 절차 등 세부적인 것과 관련된다. 따라서 다양한 사고양식을 가진 학생은 일관적인 프로파일을 가진 학생보다는 과제의 요구에 더 잘 부합될 수 있다.

한편, 창의성과 관련하여, Type I 유형의 사고양식에서 영재학생은 일반학생보다 높았고, Type II 유형에서는 영재집단과 일반학생 간에 유의미한 차이가 없었다. 이것은 사고양식을 Zhang과 Postiglione(2001)의 주장에 의해서 분류한 것으로서, Type I 은 창의성과 관련이 있는 반면에, Type II 는 규준성과 관련이 있다. 이와 관련된 선행연구로서 한기순, 배미란(2004)은 영재학생과 일반학생에 따라서 창의성의 하위요인과 통계적으로 유의한 상관을 보이는 사고양식의 하위요인이 있음을 밝혔고, 윤미선(1998)도 입법, 사법, 진보적 사고양식은 창의성과 밀접한 관계를 맺고 있음을 밝혔다. 이상의 결과들은 창의성에 대하여 사고양식은 예언적 기능을 할 수 있음을 시사해 준다.

끝으로, 영재를 판별함에 있어서 동일한 판별절차에 의해서 영재가 분류되지 않고 특수목적 고등학교와 일반 고등학교 등 명목척도로 이루어졌다는 점에서 표집의 동질성이 이루어졌을 가능성이 있음에도 불구하고 집단을 구별하는 데 영향력이 있는 사고양식이 있었다. 집단을 구분하는 상대적 중요도는 보수, 행정, 내부적 사고양식의 순서였다. 사고양식 설문이 4점 척도로서 비교적 분산이 적음에도 불구하고 Hit Ratio가 약 67%라는 것은 비교적 양호한 예측력을 보여주는 것으로 보인다. 집단의 판별에 영향을 주는 사고양식과 관련하여, Dai 와 Feldhusen(1999)의 요인분석에서 내부적 사고양식은 '지적 독립성

(intellectual independence)'과 관련을 보이며, 행정적 사고양식과 보수적 사고양식은 '집행적-조직(executive-methodical) 기능'에 해당된다.

이상과 같은 본 연구의 결과와 선행연구들을 종합해 볼 때, 영재학생은 일반학생에 비해서 흔히 알고 있었던 지능과 학업성취에서 차이가 있을 뿐만 아니라 사고양식에서도 차이가 있었다. 전체적으로 영재학생들이 일반학생보다 사고양식에 대한 이용과 시도를 융통성 있게 발휘하고 있음을 보여준다. 또한 사고양식의 차이를 검증해 봄으로써 영재가 일반학생보다 창의성을 갖는다는 점을 발견할 수 있었으며, 영재집단과 일반학생의 판별에 대하여 사고양식은 예언기능을 할 수 있음을 보여주었다. 다만 이 결과들을 통해서 볼 때, 우리나라 특수목적 고등학생의 영재집단의 사고양식의 특성은 대체로 교사 등 자신에게 영향력을 행사하는 사람들의 지침을 잘 따르면서 개방, 비판적 사고를 갖으면서 독립적으로 문제를 해결하려는 경향을 갖는다고 보인다. 즉 특수목적 고등학교 학생들의 영재성의 유형은 '학교 영재성'과 '창의적-생산적 영재성'이 복합적으로 구성되었음을 알 수 있다. 따라서 학교에서의 수월성과 실생활에서의 창의적-생산적 성취 사이의 차이를 줄이기 위한 노력이 필요하다. 이를 위해서 무엇보다도 영재교육 교사들이 창의성의 모델이 되어야 한다. 창의성이란 단지 한 사람의 노력으로 얻어지는 것은 아니다.(Csikszentmihalyi, 1999) 창의성 교육에서 무엇보다도 중요한 것은 사회적 상황이다. 학생의 엉뚱한 대답이 기발한 아이디어라고 긍정적으로 평가하는 교사가 있는 반면에, 말도 안 되는 소리라고 평가절하하는 교사의 반응이 있을 수 있다. 창의적인 교사는 학생들이 창의적인 사고를 할 수 있는 학습 환경을 만들어 주기 때문이다. 아울러 대학교 선발의 자율권을 대폭적으로 확대함으로써 특수목적고 영재들의 창의력을 보상받는 입시정책이 뒷받침되어야 할 것이다.

2. 사고양식과 학업성취와의 관계구조의 차이

사고양식과 학업성취는 관계가 있을 것이라는 가설도 지지되었다. 이 가설의 검증은 우선, 각 사고양식의 하위변인의 평균 차이, 지능과 성취를 통제한 후 사고양식과 성취와의 차이, 그리고 성취에 대한 집단과 사고양식의 수준의 상호작용 효과, 사고양식과 학업성취의 관계구조에서 영재집단과 일반학생 간의 차이 등 비교적 다양한 측면에서 알아보았다. 우선, 학업성취 중 학업성취의 총점과 유의한 상관이 있는 사고양식의 하위변인은 입법, 행정, 사법, 군주, 위계, 내부적 사고양식이었다. 위와 같은 모든 사고양식은 학업성취 총점뿐 아니라, 전 성취 영역과 긍정적인 상관을 보인 점이 특이했다. 또한 지능을 통제한 후에도 입법, 행정, 위계, 내부적 사고양식은 여전히 학업성취 총점과 긍정적 상관이 있었으며, 외부적 사고양식이 학업성취의 총점과 부적 상관이 있음이 첨가되었다. 특히, 행정적 사고양식은 여전히 지능을 통제한 후에도 학업성취의 모든 영역과 긍정적 상관을 보였다. 즉 학업성취와 관련하여 지능의 영향을 많은 사고양식이 존재하는데, 이는 사법, 군주, 외부적 사고양식이었다. 더구나 학업성취의 영역에 따라서 지능을 통제하기 전과 통제 한 후의 상관의 양상이 상당히 달라졌다. 그리고 학업성취에 대한 집단과 사고양식의 수준의 상호작용(예: 위계, 전체, 내부적 사고양식)이 있었다. 이런 결과들은 사고양식이 영역 – 특수성(domain – specific)의 성격을 지닌 구인이라는 Zhang(2001a)의 주장을 지지해 주는 것이며, 학업성취는 능력수준뿐 아니라 사고양식과 관계가 있다는 Grigorenko와 Sternberg(1997)의 주장도 지지해 주는 것이다. 따라서 학교현장에서 학습 영역에 따라서 학습 환경의 설계는 학생들의 사고양식이 고려되어야 함을 보여주는 것이다. 그리고 사고양식은 지능과는 다른 개인차로서 기능을 하고 있으며, 또한 지능과 함께 영향을 받으면서 성취에 영향을 주고 있음을 알 수 있다. 이런 현상은 성취에 대한 사고양식의 직·간접 영향력을 갖는다고 밝힌 선행연구(윤미선, 김성일, 2004a, b, 나동진, 김진철, 2003b, 2004)를 지지해 준다. 한편, 본 연구에서 나타난 입법, 사법, 위계적 사고양식과 학업성취와의 유의미한 상관은 선행연구(윤미선, 김성일, 2004b, Grigorenko와 Sternberg, 1997)와 대체적으로 일치하였다. 행정적 사고양식과 학업성취가 모든 과목에서 일관적으로 상관을 갖는 결과도 김소연(2000)의 연구와 일치하며, 내부적 사고양식과 성취와의 상관은 과학영재를 대상으로 한 나동진과 김진철의 연구(2003b, 2004)와 일치하였다. 특히, Sternberg(1997a)는 고등학교 영재교육이 대체로 행정적 사고양식을 보상한다고 하면서, 평가형식과 관련하여, 단답형이나 선다형의 문제형식은 행정, 지엽, 사법, 위계, 내부적 사고양식과 조화된다고 주장하였다.(Sternberg, 1994a) 본 연구의 학업성취의 준거는 대학수학능력 시험의 예비고사(선다형)로서 Sternberg의 주장에서 보면, 행정적 사고양식과 학업성취와의 상관은 이런 가정에 적합한 결과라고 보인다. 그리고 입법과 내부적 사고양식은 Dai와 Feldhusen(1999)의 요인분석에서 '지적 독립성'으로 특징이 지어지는 것으로 덜 구조화된 학습조건에서 창의성이 높은 영재학생들이 혼자서 하는 태도와 활동을 선호한다는 Torrance(1986)의 주장과 일맥상통한다는 점에서 이해가 된다. 위계적 사고양식을 선호하는 학생은 다양한 목표를 갖고 그 목표들에 대한 우선순위를 정하고 체계적으로 접근하여 문제를 해결하려는 경향을 갖고 있다. 이것은 위계적 사고양식이 초인지(metacognition)와 관련이 있어 보인다. 즉 자신이 사고과정을 알고, 자신의 사고전략을 조절할 뿐만 아니라 문제해결 과정을 점검하고 문제의 난이도를 인식하는 것은 성취와 직결됨을 쉽게 이해할 수 있다. 하지만 앞에서 볼 수 있었듯이, 우리나라 특수목적 고등학생들이 Type I을 선호하면서도 학교현장에서 학업성취는 Type II와 관련된 행정적 사고양식과 일관적인 상관이 있다는 점은 현재 우리나라의 특수목적 고등학교의 영재교육 체제가 창조력을 요구하는 사고양식에 대하여 전혀 보상과 격려를 하지 못하고 있음을 암시한다. 아직까지 특수목적 고등학교의 영재교육이 입시목적고라는 인식의 틀에서 벗어나지 못하고 있다는 점을 말해 준다. Dai와 Feldhusen(1999)의 주장처럼, 절대적인 의미에서 좋거나 나쁜 사고양식이 있는 것은 아니지만 영재학생들로 하여금 좀 더 창의적이고 비평적인 사고자가 되기를 바라기 때문에 영재들이 행정 또는 보수적 사고양식보다는 입법, 진보, 또는 사법적 사고양식이 추구되기 위한 노력이 필요하다. 이를 위해서는 영재교육 교사들이 창의적 사고를 할 수 있는 교사교육의 프로그램이 필요하고, 창의력을 유발하고 장려하는 교수-학습법과 평가 체제가 이루어져야 하며, 대학진학에서도 이를 반영하는 제도적 장치가 필요하다. 이밖에도, 위계, 전체, 내부적 사고양식은 능력과 함께 고려되었을 때 상승효과가 있었다. 이는 학교교육의 현실적인 목적이 학생의 성취의 향상에 있다고 본다면 성취에 대한 전통적인 접근으로서 인지적인 구인만으로 학습자의 성취를 이해하거나 향상시키는 프로그램의 개발에 불충분함을 시사할 수 있을 것이다.

한편, 사고양식과 학업성취의 관계구조가 영재학생과 일반학생 간에 나타나는 차이와 관련하여, 두 변인군 간의 관계구조의 양상이 일반학생보다는 영재집단이 다양하게 나타나고 있으며, 이것은 영재학생의 경우가 일반학생 경우보다는 성취 영역에 따라 사고양식의 하위변인들이 다양하게 반영하고 있음을 보여주는 것이다. 또한 학업성취 영역에 따라서 사고양식의 관계구조의 형성 패턴도 영재집단과 일반학생 간에 많은 차이가 있었다. 또한 일반학생의 요소변인들이 주로 정적인 관계구조를 형성하고 있는 반면에 영재학생들의 경우는 성취의 영역에 따라 정적, 부적인 관계구조를 형성하고 있었다. 이것은 성취 영역에 따라 사고양식의 하위변인들이 다양하게 반영하고 있음을 보여주는 것이다. 전체적으로 영재집단의 학업성취는 '협력적 사고'보다는 '구조적 사고'를 갖는 사고양식과 관련을 갖는다. 또한 영재의 성취를 구체적으로 보면, 언어 영역의 성취와 전체적 사고양식, 수리 영역의 성취와 군주적 사고양식과의 관련성을 보이는 것은 해당되는 성취의 영역과 사고양식의 특성을 연관지어 볼 때, 어느 정도 이해가 된다. 즉 언어 영역의 시험은 세부적인 내용보다는 전체적인 글의 맥락이 중요한 요소이며, 수리 영역은 문제에 초점을 맞춰서 문제가 해결될 때까지 집중력을 발휘하는 성격을 지닌다. 반면에 일반학생의 전반적인 학업성취는 개방적이거나 진보적인 사고보다는 '행정적─방법적 기능'을 갖는 사고양식과 관련을 맺고 있다.

이상과 같은 결과들은 한기순과 배미란(2004)의 연구와 같이, 정신자치제에 입각한 사고양식의 구조가 일반학생보다는 영재집단에서 더 타당하게 표출된다는 점을 확인해 준 것이다.

제 7 부

결론 및 제언

본 연구는 영재집단이 일반학생과 비교하여 Sternberg에 의해서 제안된 사고양식에서 어떤 차이를 보이고, 두 집단 간에 사고양식과 학업성취의 관계구조가 어떻게 다른가를 알아보는 것이다. 이는 결국 영재가 일반학생보다 인지적 측면에서의 차이뿐 아니라 비인지적 차원에서도 차이가 있는가를 알아보는 것이며, 영재의 학업성취를 심층적으로 이해함으로써 영재교육의 프로그램을 개발하는 데 유용한 자료로서 기능을 할 수 있을 것으로 기대하면서 본 연구를 수행하였다. 영재집단의 연구대상은 과학고등학교와 외국어고등학교를 중심으로 한 특수목적 고등학교 학생들이었다. 연구에서 밝혀진 결과를 바탕으로 다음과 같은 세 가지의 결론을 얻을 수 있었다.

첫째, 특수목적 고등학생 중심의 영재의 사고양식은 일반학생과 차이가 있었다. 이것은 특수목적 고등학교 학생들이 일반학생보다 스타일에 대한 이용과 시도에 있어서 정신을 융통성 있게 발휘하고 있음을 보여주는 것이다. 또한 창의성과 관련된 사고양식도 일반학생보다 높았다. 영재집단은 지능과 학업성취뿐만 아니라 사고양식에서도 차이가 있었다. 그리고 사고양식 중 일부 하위변인들은 지능과 학업성취에 의해서 영향을 받고, 일부 사고양식은 창의성의 예언변인이 될 수 있었다. 이 밖에도 사고양식은 영재집단과 일반학생을 판별하는 기능을 하였는데, 집단의 분류에 영향력을 행사하는 사고 양식은 창의성(내부적 사고양식)과 동시에 규준성과 관련이 있는 보수와 행정적 사고양식이었다. 이를 종합해 보면, 우리나라 특수목적 고등학교 영재집단의 사고양식의 특성은 대체로 교사 등 자신에게 영향력을 행사하는 사람들의 지침을 잘 따르면서도 개방적, 비판적 사고를 가지면서 독립적으로 문제를 해결하려는 경향을 갖는다고 볼 수 있다.

둘째, 성취의 개인차 측면에서 학업성취와 관련이 있는 사고양식이 있었다. 즉 학업성취의 예언변인으로 사고양식의 유용성이 있음을 의미한다. 또한 지능을 통제하기 전과 후에 과목에 따라서 상관의 양상이 달라졌으며, 특히 학업성취에 대한 영재성과 사고양식의 상호작용이 존재하였다. 이 밖에도 영재집단이 일반학생보다는 사고양식의 정준변인의 속성이 다양하게 반영하여 기능하고 있음을 보여 준다. 이런 점들은 사고양식이 지능과 함께 영향을 주고받으며 학업성취에 영향을 미치고 있음을 알 수 있다. 또한 학업성취에 대하여 사고양식은 영역-특수성을 지닌 구인으로서 기능하고 있었다. 따라서 영재의 학업성취를 이해하거나 증진시키기 위한 프로그램의 개발에 있어서 영역에 따라 학생의 사고양식이 고려되는 교수-학습방법의 적용, 평가의 적용이 필요하다. 즉 사고양식은 영재교육에서 중요한 의의를 제공하는 구인이라고 볼 수 있다.

한편, 본 연구의 결론을 도출해 내는 과정에서 결과를 일반화하는데 한계가 있다는 점을 밝혀둔다.

우선, 본 연구에서는 영재집단을 특수목적 고등학교 학생으로 구성하였다. 현실적으로 영재집단의 표집은 영재의 정의에 따라서 이루어지므로 본 연구의 대상이 모든 영재집단이라고 볼 수 없다. 또한 동일한 영재의 판별절차에 의해서 영재가 분류되지 않고 특수목적 고등학교와 일반 고등학교 등 명목척도로 이루어졌다는 점에서 표집의 동질성이 존재할 가능성이 있다. 특히 본 연구의 일반고 학생은 교육열이 높은 지역으로 비교적 높은 연합고사 합격선을 보임으로써 이들 중에는 영재나 준영재 수준의 학생이 포함될 수 있다.

둘째, 본 연구에서 사용된 종속변인인 학업성취가 선다형으로 구성되었다는 점이다. 더구나 어느 집단보다도 창의성을 강조하는 영재집단에서 선다형 문제양식이 전체 학업성취 영역이라고 말할 수는 없다.

이상과 같은 본 연구의 결론과 제한점을 도출하고 지적하면서 계속적인 연구의 방향을 제시하면 다음과 같다.

첫째, 선다형 위주의 성취에서 벗어나 논술형 등 확산적 사고력을 요구하는 학업성취의 방법을 적용하여 영재학생의 사고양식 검증이 필요하다.

둘째, 사고양식의 질문지의 검토가 필요하다. 국내에서 연구되는 사고양식 질문지는 주로 Sternberg 등에 의해서 제작된 사고양식의 문항을 토대로 구성되었다. 하지만 Sternberg의 사고양식 설문지가 교사용, 학생용이 있으며, 104개 문항 종류와 65개 문항으로 이루어진 질문지 등 비교적 다양하다. 사고양식이 문화 차이에 매우 민감한 특성을 반영하기 때문에 우리문화를 바탕으로 한 사고양식 문항의 개발이 필요하다고 본다. 또한 개인이 사고양식을 면접이나 과제를 통해서 자기-보고식 방법으로 측정되는 한계성을 극복하기 위한 연구가 필요하다.

셋째, Sternberg의 정신자치제의 구조의 세밀한 검토가 필요하다. 사고양식이 지능과 성격의 상호작용이라는 점에서 사고양식의 하위 변인 중 어느 것이 인지적인 것이고, 어떤 것이 성격과 관계가 있는 가? 학자들마다 요인분석이 다소 다르게 산출된다는 점에서 높은 차 원에서 어떻게 요인들이 구성되는가? 등 이론적 검토가 필요하다.

끝으로, 사고양식에 대한 외적 타당성 연구에서 벗어나 영재학생 들의 사고양식을 고려한 교수-학습방법과 평가방법의 적용과 수행 의 향상에 대한 검증이 이루어져야 할 것이다.

참고문헌

김소연(2000). **Sternberg의 지능 및 사고양식 이론의 타당화.** 숙명여자
　　대학교 대학원. 석사학위논문.

나동진, 김진철(2003a). 초·중등 교사의 사고양식과 직무 스트레스대처
　　방식에 관한 연구. **한국교육학회, 41**(3), 325−347.

나동진, 김진철(2003b). 과학영재의 삼원지능·사고양식과 학업성취간의
　　관계. **한국교육학회, 41**(4), 25−48.

나동진, 김진철(2004). 삼원지능·사고양식·학업성취의 관계에서 과학영재
　　와 일반학생의 구조적 차이. **교육심리연구, 18**(1), 115−130.

박광배(2003). **변량분석과 회귀분석.** 서울: 학지사.

박도순, 하대현, 성태제(2000). **신 종합지능검사.** 대한사립중고등학교장회.

박병기(2000). 창의성과 지능의 관계구조. **교육심리연구, 14**(2), 235−261.

박병기(2004). 교양강좌를 이용한 대학생 창의성교육의 효과분석. **교육
　　심리연구, 18**(2), 69−81.

유성경, 홍세희, 최보윤(2004). 가정의 위험요소와 적응의 관계에서 자아
　　탄력성, 애착, 실존적 영성의 매개 효과 검증. **교육심리연구, 18**(1),
　　393−408.

윤미선(1997). **사고양식과 학업성취에 관한 연구−Sternberg의 정신자치
　　제 이론을 중심으로−**고려대학교 대학원. 석사학위논문.

윤미선(1998). 사고양식 검사 도구의 타당화 연구−초, 중등 교사들을
　　대상으로−**안암교육학 연구, 5**(1−2), 181−197.

윤미선, 김성일(2002). 학업성취 예측변인으로써 사고양식 개념 활용에

대한 제안. 한국교육심리학회: 제3회 학술발표회 자료.

윤미선(2003). **사고양식에 따른 학습동기 및 교과흥미가 학업 성취에 미치는 영향.** 고려대학교 대학원. 박사학위논문.

윤미선, 김성일(2004a). 학업성취 및 성취동기 예측변인으로서의 사고양식 프로파일. **교육심리연구, 18**(1), 351-366.

윤미선, 김성일(2004b). 중·고생의 학업성취 결정요인으로서 사고양식, 학습동기, 교과흥미, 학습전략간의 관계모형. **교육심리연구, 18**(2), 161-180.

윤소정, 윤미경, 유순화(2003). 영재학생과 일반학생의 사고양식 차이 및 교사 특성별 사고양식. **영재교육연구, 13**(3), 19-44.

전경원(2003). **한국의 새천년을 위한 영재교육학.** 서울: 학문사.

하대현(2003). MI 이론의 경험적 타당화 연구(Ⅲ): 지능과 인지 양식의 영역-특수성의 발달적 변화. **교육심리연구, 17**(3), 27-52.

하대현(2004). 성공지능 이론의 타당화: 쟁점과 과제. **교육심리연구, 18**(2), 99-121.

한기순, 배미란(2003). 과학영재의 사고양식과 5인성 요인. 영재 교육연구, **13**(1), 43-63.

한기순, 배미란(2004). 과학영재와 일반학생들 간의 사고양식과 지능 및 창의성간의 관계 비교. **교육심리연구, 18**(2), 49-68.

Abraham, R. (1997). Thinking styles as moderators of role stressor-job satisfaction relationships. *Leadership & Organization Development Journal, 18*(5), 263-243.

Allport, G. (1937). *Personality: A psychological interpretation.* New York: Holt.

Amabile, T. M. (1996). *Creativity in context.* Boulder, Co: Westview.

Bargar, R. R., & Hoover, R. L. (1984). Psychological type and the matching of cognitive styles. *Theory Into Practice, 23*(1), 56-63.

Benbow, C. P., & Arjmand, O. (1990). Predictors of high academic achievement in mathematics and science by mathematically talented students: A longitudinal study. *Journal of Educational Psychology, 82*(30), 430−441.

Bernardo, A. B. I, Zhang, L. F. & Callueng, C. M. (2002). Thinking Styles and Academic Achievement Among Filipino Students. *The Journal of Genetic Psychology, 163*(2), 149−163.

Biggs, J. B. (1979). Individual differences in study processes and the quality of learning outcomes. *Higher Education, 8*, 381−394.

Brody, N. (2003). Construct validation of the Sternberg Triarchic Abilities Test: Comment and reanalysis. *Intelligence, 31*, 319−329.

Csikszentmihalyi, M. (1993). *The evolving self: A psychology for the third millennium.* New York: Harper Collins.

Csikszentmihalyi, M. (1999). Implications of a systems perspective for the study of creativity. In R. J. Sternberg(Ed.), *Handbook of creativity*(pp.313−335.) Cambridge, MA: Cambridge University Press.

Curry, L. (1983). An organization of learning styles theory and constructs. *ERIC Document.* 235, 185.

Dai, D. Yun., & Feldhusen, J. F. (1999). A validation study of the thinking styles inventory: Implication for gifted education. *Roeper Review, 21*, 302−308.

Davis, J. K. (1991). Educational implications of field dependence−independence. In S. Wapner & J. Demick(Eds.), *Field dependence−independence: Cognitive styles across the span*(pp.149−176.) Hillsdale, NJ: Erlbaum.

Dunn. R., & Dunn, K. (1978). *Teaching students through their individual learning styles.* Reston, VA: Reston.

Dunn R., & Dunn, K. & Price, G. E. (1979). Identifying individual learning styles. In Keefe, J. W.(Ed.), *Student learning styles: Diagnosing and prescribing programs*(pp.39−54.) Reston, VA: National Association of Secondary School Principals.

Dweck, C. S., & Elliott, E. S. (1983). Achievement motivation. In Mussen, P. H. (gen. ed) and Hetherington, E. M. (ed.), *Handbook of child psychology: Vol.Ⅳ. Social and personality development* (pp.643−691.) New York: Wiley.

Eysenck, H. J., & Eysenck, S. B. G. (1964). *Manual of the Eysenck Personality Inventory.* London: Hodder and Stoughton.

Feldhusen, J. F. (1986). A conception of giftedness. In R. J. Sternberg & J. E. Davidson(Eds.), *Conceptions of giftedness*(pp.112−127.) Cambridge: Cambridge University Press.

Fischer, B. B., & Fischer, L. (1979). Styles in teaching and learning. *Educational Leadership, 36*(4), 245−254.

Furnham, A., Jackson, C. J., & Miller, T. (1999). Personality, learning style and work performance. *Personality and Individual Differences, 27*, 1113−1122.

Gallagher, J. J., & Courtright, R. D. (1986). The educational definition of giftedness and its policy implications. In R. J. Sternberg & J. E. Davidson(Eds.), *Conceptions of giftedness*(pp.93−111.) Cambridge, Cambridge University Press.

Gardner, H. (1983). *Frames of mind.* New York: Basic Books.

Gottfredson, L. S. (2003). Dissecting practical intelligence theory: Its claims and evidence. *Intelligence, 31*, 343−397.

Gottfried, A. E., & Gottfried, A. W. (1996). A Longitudinal study of academic intrinsic motivation in intellectually gifted children: Childhood through early adolescence. *Gift Child Quarterly, 40*(4), 179−183.

Gregorc, A. F. (1979). Learning / teaching styles: Point forces behind them. *Educational Leadership, 36*(4), 234−236.

Gregorc, A. F. (1982). *Gregorc Style Delineator*. Maynard, MA: Gabriel Systems.

Gregorc, A. F. (1985). *Inside Style: Beyond the basics*. Maynard, MA: Gabriel Systems.

Gridley, B. E. (1998). You are how you think. *Contemporary Psychology*, *43*(7), 511 – 512.

Grigorenko, E. L., & Sternberg, R. J.(1995). Thinking styles. In D. Saklofske & M. Zeidner(Eds.), *International handbook of personality and intelligence*(pp.205 – 230.) New York: Plenum.

Grigorenko, E. L., & Sternberg, R. J. (1997). Styles of thinking, abilities and academic performance. *Exceptional Children*, *63*, 295 – 312.

Hagen, E. (1980). *Identification of the gifted*, NY: Teachers' College, Columbia University Press.

Henson, K. T., & Borthwick, P. (1984). Matching styles: A historical look. *Theory Into Practice*, *23*(1), 3 – 9.

Ho, H. K.(1998). *Assessing thinking styles in theory of mental self government: a mini validity Study in a Hong Kong secondary school*(Unpublished manuscript). Hong Kong: The University of Hong Kong.

Honey, P., & Mumford, A. (1982). *The manuals of learning styles*. Maiddenhead: Honey.

Humphreys, L. G. (1986). Describing the elephant. In R. J. Sternberg & D. K. Detterman(Eds.), *What is intelligence?*(pp.97 – 100.) Norwood, NJ: Ablex.

Hunt, D. E (1979). *Learning style an student needs: An introduction to conceptual level*. In J. W. Keefe(Ed.). *Student learning styles: Diagnosing and prescribing programs(pp.27 – 38.)* Reston, VA: 27 – 38. National Association of Secondary School Principals.

Jensen, A. R. (1993). Test validity: g versus "tacit knowledge", *Current*

Directions in Psychological Science, 1, 9 − 10.

Kagan, J. (1965). Information processing in the child. In P. M. Mussen, J. J. Conger, & J. Kagan(Eds.), *Reading in child development and personality.* New York: Harper and Row.

Kagan, J. (1966). Reflection − impulsivity: The generality and dynamics of conceptual tempo. *Journal of Abnormal Psychology, 71,* 17 − 24.

Kagan, J., Moss, H. A., & Sigel, I. E. (1963). Psychological significance of styles of conceptualization. *Monographs of the Society for Research in Child Development.*

Kolb, D. A. (1974). On management and the learning process. In D. A, Kolb, I. M. Rubin, & J. M. McIntyre(Eds.), *Organizational Psychology: A book of readings.* Englewood Cliffs, NJ: Prentice − Hall.

Kolb, D. A. (1978). *Learning Style Inventory technical manual.* Boston: McBer.

Kuchinskas, G. (1979). Whose cognitive style makes the difference? *Educational Leadership, 36*(4), 269 − 271.

Kuerbis, P. J. (1988). Learning Styles and science teaching. *Newsletter of the National Association for Research in Science Teaching, 30*(1).

Lens, W., & Rand, P. (2000). Motivation and cognition: Their role in the development of giftedness. In K. A. Heller, F. J. Moenks, R. J. Sternberg, & R. F. Subotnik(Eds.), *International handbook of giftedness and talent*(2nd ed.), (pp.193 − 202.) Oxford: Elsevier.

Marsh, H. W. (1993). Academic self − concept: Theory measurement and research. In J. Sul(Ed.), *Psychological perspectives on the self* Vol.45(pp.59 − 98.) Hillsdale, NJ: Erlbaum.

Marland, S. P. (1972). Report to the Congress of the United States by the U.S. Commissioner of Education. *In Education of the gifted and talented, 1.* Washington, DC: U.S . Government Printing Office.

Myers, I. B., & McCaulley, M. H. (1985). *Manual: A guide to the development and use of the Myers – Briggs Type Indicator.* CA: Consulting Psychological Press.

Nunnally, J. C., (1967). Psychometric Theory(2nd ed.). McGraw – Hill. pp.199 – 206.

Pettigrew, T. F. (1958). The measurement of category width as a cognitive variable. *Journal of Personality, 26,* 532 – 544.

Ree, M. J., & Earles, J. A. (1993). G is to psychology what carbon is to chemistry: A reply to Sternberg and Wagner, McCelland and Calfee. *Current Directions in Psychological Science, 1,* 11 – 12.

Renzulli, J. S. (1986). The three ring conception of giftedness: A developmental model for creative productivity. In R. J. Sternberg & J. E. Davidson(Eds), *Conceptions of giftedness*(pp.53 – 92.) New York: Cambridge University Press.

Renzulli, J. S. (1994). Research related to the Schoolwide Enrichment Triad Model. *Gifted Child Quarterly, 38*(1), 7 – 20.

Renzulli, J. S. & Smith, L. H. (1978). *The Learning Styles Inventory: A measure of student preference for instructional techniques.* Mansfield Center, CT: Creative Learning Press.

Riding, R. (2002). *School learning and cognitive style.* London: David Fulton.

Runco, M. A., Plucker, J. A., & Lim, W. (2000). Development and psychometric integrity of a measure of ideational behavior. *Creativity Research Journal, 13,* 393 – 400.

Sachs, J., & Zhang, L. F. (1997). Assessing thinking styles in the theory of mental self – government: A Hong Kong validity study. *Psychological Report, 81,* 915 – 928.

Sattler, J. (2001). *Assessment of children: Cognitive applications.* (4th Ed.) CA: Jerome M Sattler.

Schmidt, F. L., & Hunter, J. E. (1993). Tacit knowledge, practical intelligence, general mental ability, and job knowledge, *Current Directions in Psychological Science, 1,* 8 − 9.

Sieglen, J., & Trost, G. (1995). *Prediction of outstanding achievement in management.* Paper presented at the Post Conference China Meeting of the 11th World Conference on Gifted and Talented Children.

Simonton, D. K. (1996). Creative expertise: A life − span developmental perspective. In K. A. Ericsson(Ed.), The road to excellence: *The acquisition of expert performance in the arts, and sciences, sports, and games*(pp.227 − 253.) Mahwah, NJ: Lawrence Erlbaum.

Smith, G. J., & Klein, G. S. (1953). Cognitive control in serial behavior patterns. *Journal of Personality, 22,* 188 − 213.

Snow, R. E., Corno, L., & Jackson Ⅲ, D. (1996). Individual Differences In Affective and Conative Functions. In Berliner, D. C & Calfee, R. C.(Eds.), *Handbook of Educational Psychology,* NY: Simon & Schuster Macmillan.

Sternberg, R. J. (1985). *Beyond IQ: A Triarchic Theory of Human Intelligence.* NY: Cambridge University Press. 하대현 역(1991). 신지능이론: 인간 지능의 삼위일체 이론. 서울: 교문사.

Sternberg, R. J. (1986). *Intelligence applied: Understanding and increasing your intelligence skills.* New York: Harcourt Brace Jovanovich.

Sternberg, R. J. (1988). Mental self − government: A theory of intellectual styles and their development. *Human Development, 31,* 197 − 224.

Sternberg, R. J. (1990). Thinking Styles: Keys to understanding student performance. *Phi Delta Kappan, 71,* 366 − 371.

Sternberg, R. J. (1993). Would you rather take orders from Kirk or Spock? The relation between rational thinking and intelligence.

Journal of Learning Disabilities, 26(8), 516−51.

Sternberg, R. J. (1994a). Thinking Styles: theory and assessment at the interface between intelligence and personality. In R. J. Sternberg & Patrica Ruzgis(Eds.). *Personality And Intelligence.* NY: Cambridge University Press.

Sternberg, R. J. (1994b). Allowing for thinking styles. *Educational Leadership, 52,* 36−40.

Sternberg, R. J. (1995). Styles of thinking and learning *Language Testing, 12,* 265−291.

Sternberg, R. J. (1996). *Successful intelligence: How practical and creative intelligence determine success in life.* NY: Simon & Schuster. 이종인 역(1997). 성공지능. 서울: 영림카디널.

Sternberg, R. J. (1997a). *Thinking Styles.* New York: Cambridge University Press.

Sternberg, R. J. (1997b). What does it mean to be smart? *Educational Leadership, 54*(6), 20−24.

Sternberg, R. J.(Ed.) (1999). *Handbook of Creativity.* Cambridge University Press.

Sternberg, R. J. (2000). Patterns of giftedness: A triarchic analysis. *Roeper Review, 22,* 231−236.

Sternberg, R. J. (2002). Thinking styles and teachers' characteristics. *International Union of Psychological Science, 37,* 3−12.

Sternberg, R. J., & Davidson, J. E.(Eds.). (1986). *Conceptions of giftedness.* NY: Cambridge University Press.

Sternberg, R. J., & Grigorenko, E. L. (1993). Thinking styles and the gifted. *Roeper Review, 16*(2), 122−130.

Sternberg, R. J., & Grigorenko, E. L. (1995). Styles of thinking in the school. *European Journal of high Ability, 6,* 1−9.

Sternberg, R. J., & Grigorenko, E. L. (1997). Are cognitive style still in style? *American Psychologist, 53*, 700 − 712.

Sternberg, R. J., & Lubart, T. I. (1996). Investing in creativity. *American Psychologist, 51*, 677 − 688.

Sternberg, R. J., & Wagner, R. K. (1992) *Thinking Styles Inventory*. Unpublished test, Yale University.

Sternberg, R. J., & Zhang, L. F. (1995). What do we mean by giftedness? A pentagonal implicit theory. *Gifted Child Quarterly, 39*(2), 88 − 94.

Sternberg, R. J., & Zhang, L. F.(Eds.). (2000). *Perspectives on cognitive, learning, and thinking styles*. Mahwah, NJ: Erlbaum.

Tannenbaum, A. J. (1983). *Gifted children: Psychological and educational perspectives*. NY: Macmillan.

Tannenbaum, A. J. (1986). Reflections and refraction of light on the gifted. *Roeper Review, 8*(4), 212 − 218.

Taylor, C. W. (1986). The Growing Importance of Creativity and Leadership in Spreading Gifted and Talented Program World − Wide. *Roeper Review, 8*(4), 256 − 263.

Taylor, C., & Kokot, S. (2000). The status of gifted child education in Africa. In K. A. Heller, F. J. Monks, R. J. Sternberg, & R. F. Subotnik(Eds.), *International handbook of giftedness and talent*(2nd ed.). London: Elsevier.

Torrance, E. P. (1986). Teaching creative and gifted learners. In M. Wittrock(Ed.), *Handbook of research on teaching*(3rd ed.)(pp.630 − 647.) New York: Macmillan.

Tso, S. M. (1998). *Correlational study of thinking styles and academic achievement*. A term paper submitted for a master's in Education degree course. The University of Hong Kong.

Witkin, H. A. (1973). *The role of cognitive style in academic performance and in teacher − student relations*. Unpublished report, Educational

Testing Service, Princeton, NJ.

Witkin, H. A., Dyk, R. B., Faterson, H. F., Goodenough, D. R., & Karp, S. A. (1962). *Psychological differentiation*. New York: Wiley.

Witkin, H. A., Oltman, P. K., Raskin, E., & Karp, S. A.(1971). *Childen's Embedded Figures Test, Group Embedded Figures Test.* Manual. Palo Alto: Consulting Psychologist Press.

Zhang, L. F. (1999). Further cross−cultural validation of the theory of mental self−government. *Journal of Psychology Interdisciplinary & Applied, 133*, 165−181.

Zhang, L. F. (2000a). Are thinking styles and Personality types related? *Educational Psychology, 20*(3), 271−283.

Zhang, L. F. (2000b). Relationship between thinking styles inventory and study process questionnaire. *Personality and Individual Differences, 29*, 841−859.

Zhang, L. F. (2001a). Do styles of thinking matter among Hong Kong secondary school student? *Personality and Individual Differences, 31*, 289−301.

Zhang, L. F. (2002a). Thinking styles and modes of thinking: Implications for education and research. *The Journal of Psychology, 136*, 245−261.

Zhang, L. F. (2002b). Thinking styles and the Big Five Personality traits. *Educational Psychology, 22*(1), 17−31.

Zhang, L. F. (2004). Do university students' thinking styles matter in their preferred teaching approaches? *Personality and Individual Differences*(in press).

Zhang, L. F., & Huang, J. F. (2001). Thinking styles and the five−factor model of personality. *European Journal of Personality, 15*, 465−476.

Zhang, L. F., & Postiglione, G. A. (2001). Thinking styles, self−esteem, and socio-economic status. *Personality and Individual Differences,* *31,* 1333-1346.

Zhang, L. F., & Sternberg, R. J. (2000). Are learning approaches and thinking styles related? A study in two Chinese populations. *Journal of psychology, 134,* 469-489.

[부록 1] 지능검사(예시문항)

* 지능검사 문항을 모두 수록할 수 없으므로 분석지능의 예문을 한 가지씩만 제시하기로 한다. 이 검사의 세부적인 내용은 대한사립중·고등학교장회에서 발행한 '신 종합지능검사(고등학교용)'를 참고하기 바랍니다.

1. 분석적 지능의 언어 이해력

이 검사는 언어 이해력을 알아보기 위한 것입니다. 이 검사는 제시된 전체 글의 내용을 파악하여 밑줄 친 단어의 의의를 추리해야 하는 문항으로 구성되어 있습니다. 문항을 잘 읽고 정답을 찾아 해당 번호를 답안지에 표기하십시오.

* 총 문항 수: 12문항
* 검사시간: 5분

문 제

동정이란 흔히 다른 사람들의 불행 속에서 자신의 불행을 지각하는 행위이다. 그것은 우리가 빠져들지도 모르는 어려움에 대한 약삭빠른 선견지명이다. 우리가 다른 사람들을 돕는 것은 우리가 비슷한 처지에 놓였을 때 우리를 돕게 하는 하나의 계약으로 그들을 속박하는 것이다. 다시 말해서 우리가 그들에게 베푸는 '하사로' 우리가 자신에게 행하는 적선인 것이다.

① 동정으로   ② 반드시   ③ 미리   ④ 분명

2. 분석지능의 수열추리

이 검사는 수열추리 능력을 알아보기 위한 것입니다. 이 검사는 숫자들을 배열하는 데 사용된 규칙을 발견하고 다음에 오는 숫자를 추리해야 하는 문항들로 구성되어 있습니다. 문항을 잘 읽고 정답을 찾아 해당 번호를 답안지에 표기하십시오.

* 총 문항 수: 12문항
* 검사시간: 5분

문 제

$3 \quad 1 \quad \dfrac{2}{3} \quad \dfrac{4}{3}$ ......　　① $\dfrac{8}{9}$　　② $\dfrac{4}{9}$　　③ $\dfrac{4}{18}$　　④ $\dfrac{8}{18}$

3. 분석지능의 도형유추

이 검사는 도형추리를 알아보기 위한 것입니다. 이 검사는 도형과 도형 간의 관계를 유추해야 하는 문제들로 구성되어 있습니다. 이 검사에서 여러분은 전반부의 두 도형 간의 관계와 후반부의 두 도형 간의 관계가 같아지려면 마지막에 어떤 도형이 와야 하는가를 추리해야 합니다. 문항을 잘 살펴보고 정답을 찾아 해당 번호를 답안지에 표기하십시오.

* 총 문항 수: 12문항
* 검사시간: 5분

문 제

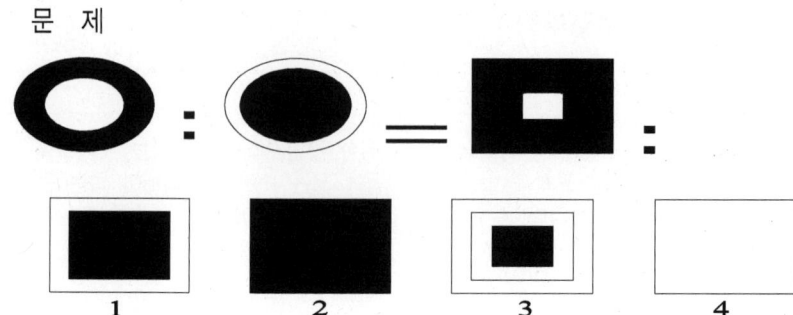

[부록 2] 사고양식 검사지

이 검사는 여러분의 일반적인 사고방식을 알아보기 위한 것입니다. 각 문항을 읽고 문항의 내용이 자신을 얼마나 잘 설명하고 있는가를 '전혀 아니다'에서부터 '매우 그렇다' 사이에 골라 응답하십시오. 이 문항들에 대한 정답이나 오답은 없으며, 서술된 문항들에 대해 너무 오래 생각하지 말고 평소에 자신이 느끼는 대로 솔직하게 답하기 바랍니다.

* 사고양식의 답안지 작성은 해당되는 번호에 ○ 응답하시오.

문 항	전혀 아니다 1	아닌 편이다 2	그런 편이다 3	매우 그렇다 4
1				
2				
3				
4				
......				

총 문항: 65문항. 제한시간: 8분

질 문 사 항

1 나는 일반적인 문제보다 특정한 문제를 다루는 것을 더 좋아한다.

2 내 생각을 말하거나 글로 쓸 때, 나는 중요한 생각 하나에만 매달린다.

3 어떤 일을 할 때, 나는 친구들과 함께 생각하고 논의하는 것을 좋아한다.

4 어떤 일을 시작하기에 앞서, 나는 일의 우선순위를 정하는 편이다.

5 어떤 문제에 직면했을 때, 나는 내 나름대로의 독자적인 생각과 전략을 이용해서 문제를 해결한다.

6 어떤 주제에 대해서 이야기할 때, 나는 전체적인 면보다는 세부적 사실들이 더 중요하다고 생각한다.

7 일을 할 때, 나는 세부적인 사항에는 별로 주의를 기울이지 않는다.

8 나는 어떤 규칙에 따라 문제를 어떻게 해결해야 하는가에 대해 생각해 보는 것을 좋아한다.

9 나는 일의 모든 과정을 다른 사람들과 의논하지 않고 혼자서 처리하는 것을 좋아한다.

10 나는 아이디어를 떠올려 그것이 얼마나 실현될 수 있는가를 생각해 보는 것을 좋아한다.

11 나는 어떤 문제를 풀 때 가장 적합한 방법을 사용하기 위해 심사숙고한다.

12 나는 정해진 지시사항에 따라 일하는 것을 좋아한다.

13 어떤 일을 할 때, 나는 표준적인 규칙이나 방법을 고집한다.

14 문제해결에 있어서 내 나름대로의 방식을 이용할 수 있는 문제가 좋다.

15 의사결정을 해야 할 때, 나는 나의 판단에 의존해서 상황을 결정한다.

16 나는 모든 일에 중요성을 똑같이 부여하기 때문에 일의 순서에 상관없이 지금 하고 있는 일을 미루고 다른 일을 하는 것이 어렵지 않다.

17 토론을 하거나 글을 쓸 때, 나의 의견과 다른 사람의 의견을 연관시키려고 한다.

18 나는 내가 해야 하는 일의 세부적인 사항들보다 전체적인 효과에 관해 더욱 신경을 쓴다.

19 어떤 일을 하고 있을 때, 그 일의 부분적인 사항들과 최종 목표와의 관계를 파악할 수 있다.

20 나는 어떤 일을 수행하는 방법들을 비교·평가할 수 있는 상황이 좋다.

21 중요하게 해야 할 일이 많을 때, 닥치는 대로 가능한 한 많은 일을 하려고 노력한다.

22 어떤 일을 맡았을 때, 과거에 사용되었던 방법과 아이디어들을 그대로 따르려고 한다.

23 내 의견과 반대되는 견해나 아이디어를 점검하고 평가하려는 경향이 있다.

24 내가 참여하고 있는 일을 위해 상세한 정보나 구체적인 자료들을 수집하고 싶어 한다.

25 어려운 문제들을 다룰 때, 그 문제들의 중요성과 우선순위에 대해 생각을 많이 한다.

26 나는 관습적으로 따를 수 있는 상황을 좋아한다.

27 나는 보통 몇 가지 중요한 일을 한꺼번에 수행한다.

28 나는 정해진 규칙에 따라 해결하는 문제나 과제를 좋아한다.

29 대화 또는 작문에서 여러 가지 대립되는 중요한 주제들이 있을 때 들들을 동시에 전달하려고 노력한다.

30 나는 해야 할 많은 일들에 대해 내 시간과 주의를 동일하게 배분한다.

31 나는 명확한 구조, 확실한 계획, 분명한 목적이 있는 일을 하는 것이 좋다.

32 어떤 일을 할 때, 나는 내 생각대로 시작하고 싶다.

33 많은 일들이 있을 때, 우선순위를 분명하게 한다.

34 나는 팀의 구성원으로서 다른 사람들과 상호작용할 수 있는 활동에 참여하는 것이 좋다.

35 나는 사소해 보이는 것일지라도 문제의 모든 측면들을 다루고 싶어 한다.

36 문제에 직면하면, 전통적인 방법으로 문제를 해결하려고 한다.

37 나는 숙제나 문제를 혼자 해결하고 싶어 한다.

38 나는 주제의 전반적인 양상이나 전체적인 효과를 강조하는 경향이 있다.

39 문제를 풀거나 숙제를 할 때, 정해진 규칙이나 지시에 따르려고 한다.

40 나는 글을 쓸 때, 마음에 떠오르는 것은 무엇이든지 다 이용한다.

41 어떤 일을 하고 있을 때, 나는 다른 사람들과 정보나 아이디어를 교환하려고 한다.

42 나는 서로 다른 의견이나 생각들을 평가하고 연구할 수 있는 일이 좋다.

43 의사결정을 할 때, 중요한 요인 하나에만 집착하려는 경향이 있다.

44 나는 세부적인 주의를 기울여야 하는 문제가 좋다.

45 나는 과거의 생각이나 방식보다는 새롭고 더 좋은 방법을 찾고 싶어 한다.

46 나는 다른 사람들과 상호작용하고 함께 일하는 상황이 좋다.

47 한 가지 문제를 해결하면 다른 많은 문제들이 해결될 것이라고 생각한다.

48 나는 세부적인 것이 아니라 전체적인 주제를 다루는 일이 좋다.

49 내 나름대로의 생각과 방식을 이용할 수 있는 상황이 좋다.

50 여러 가지 중요한 일이 있을 때, 나에게 가장 중요한 일을 한다.

51 나는 다른 사람들의 계획이나 방법을 평가할 수 있는 문제나 과제를 좋아한다.

52 나는 어떤 작업을 할 때 작업의 거의 모든 양상이 동일하게 중요하다고 생각한다.

53 문제에 직면하면, 새로운 전략이나 방법을 시도해서 문제를 해결하려고 한다.

54 나는 한 번에 한 가지 일에만 집중하고 싶다.

55 나 혼자 독립적으로 완수할 수 있는 일이 좋다.

56 무언가를 시작할 때, 해야 할 일의 목록을 만들고 중요성의 순서를 매기는 것을 좋아한다.

57 나는 분석이나, 평가 혹은 비교하는 과정이 포함되어 있는 일이 좋다.

58 나는 과거에 다른 사람들이 사용하지 않았던 새로운 방식으로 일하고 싶다.

59 나는 때때로 몇 가지 필요한 일들의 우선순위를 정하는 데 곤란을 겪는다.

60 나는 지금 하고 있는 한 가지 일을 끝내기 전에는 다른 일을 시작하기 어렵다.

61 생각을 의논하거나 글로 써 볼 때, 내 생각의 내용과 범위를 이해할 수 있도록 전체적인 윤곽을 제시하고 싶어 한다.

62 나는 과제의 전체적인 효과와 중요성보다는 부분적인 측면에 더 주의를 기울인다.

63 나는 다른 사람들에게 의존하지 않고 나의 생각을 스스로 실천할 수 있는 상황이 좋다.

64 나는 문제해결 방식을 개선하기 위해 전통적인 기존의 방법들을 바꾸고 싶어 한다.

65 나는 오래된 문제를 다른 방법으로 해결하기 위해 새로운 방법을 모색해 보는 것이 좋다.

성명: 김진철(金鎭喆)

학력

전북대학교 대학원 교육심리 교육학 박사

경 력

한국교육학회 회원
한국교육심리학회 회원
한국열린교육학회 회원
한국영재학회 회원

연구논문

1. 과학고등학생의 사고양식에 대한 연구(사회교육연구 제11집 Vol.11. Sep. 2002, pp.81－104.)
2. 과학영재의 사고양식과 학업성취의 관계(열린교육연구 제11권 제1호, 2003. 5, pp.275－291.)
3. 초ㆍ중등교사의 사고양식과 직무스트레스 대처방식에 관한 연구(교육학연구 제41권 제3호, 2003. 9, pp.325－347.)
4. 영재와 일반학생의 사고양식과 성취간의 구조적 관계의 차이(교육학연구 제41권 제4호, 2003. 12, pp.25－48.)
5. 삼원지능, 사고양식, 학업성취의 관계에서 과학영재와 일반학생의 구조 차이(교육심리연구 제18권 제1호, 2004, pp.115－130.)
6. 과학영재와 일반학생의 사고양식의 차이 연구(영재교육 13권 3호, 2004. 7.)
7. 과학영재의 학업성취에 대한 삼원지능과 사고양식의 영향에 대한 연구(영재교육 13권 4호, 2005. 3.)
8. 성공 지능이론의 관점에서 본 지능과 학업성취의 관계(교육심리연구 제19권 제1호, 2005. 3, pp.79－92.)
9. 사고양식과 학업성취간의 관계구조에서 특목고와 일반고의 차이(교육방법연구 제17권 제1호, 2005. 4, pp.1－17.)

영재성·사고양식·학업성취간의 구조적 관계 분석

- 초판 인쇄   2008년 4월 15일
- 초판 발행   2008년 4월 15일

- 지 은 이   김진철
- 펴 낸 이   채종준
- 펴 낸 곳   한국학술정보㈜
          경기도 파주시 교하읍 문발리 513-5
          파주출판문화정보산업단지
          전화   031) 908-3181(대표) · 팩스   031) 908-3189
          홈페이지   http://www.kstudy.com
          e-mail(출판사업부)   publish@kstudy.com
- 등   록   제일산-115호(2000. 6. 19)
- 가   격   19,000원

ISBN   978-89-534-8604-1 □□□□-0 (Paper Book)
           978-89-534-8605-8 98370 (e-Book)